호감의 디테일

HOW TO INSTANTLY CONNECT WITH ANYONE by Leil Lowndes
Copyright © 2009 by Leil Lowndes
All rights reserved.
This Korean edition was published by wilma Co.,Ltd in 2025 by
arrangement with Leil Lowndes c/o Jill Grinberg Literary Management,
LLC through KCC(Korea Copyright Center Inc.), Seoul.

이 책은 ㈜한국저작권센터(KCC)를 통한 저작권자와의 독점계약으로
㈜윌마에서 출간되었습니다. 저작권법에 의해 한국 내에서
보호를 받는 저작물이므로 무단전재와 복제를 금합니다.

호감의
디테일

인간관계를 구원할
작고 구체적인 행동들

레일 라운즈 지음 | 최성옥 옮김

Wilma

일도 잘하고 남들과도 잘 지내는 사람들이 있습니다. 비결이 뭘까요?

눈에 띄게 성공한 사람들의 비밀은 '감정 예측'이라고 합니다. 자신뿐 아니라 상대까지 기분 좋게 만드는 거죠. 타고난 사람의 특별한 재능이 아니라 누구나 실천할 수 있습니다.

처음 만난 사람과 악수할 때, 회의나 세미나에서 자리를 선택할 때, 대화의 흐름을 바꾸고 싶을 때, 자연스럽게 내 성과를 드러내고 싶을 때…. 이 책은 일상에서 바로 시도해볼 수 있는 44가지 유용하고 구체적인 기술을 제시합니다.

21세기 말하기의 고전이라 불리는 레일 라운즈의 《호감의 디테일》을 통해 존재감 있는 대화, 존중과 배려가 있는 관계를 만들어가시기 바랍니다.

_이금희(방송인)

🌱＿＿＿＿＿ 소중한 인연을 잃고 마음이 쓸쓸하던 어느 날, 《호감의 디테일》을 만났습니다. 이 책은 악수하는 법부터 침묵하는 법까지 '호감을 부르는 섬세한 기술'을 차근차근 알려주지만, 결국 전하고 싶은 메시지는 하나입니다.

"진심 어린 배려는 최고의 무기다." 타인의 감정을 살피는 태도가 얼마나 큰 힘을 발휘하는지, 작가는 A부터 Z까지 세심하게 풀어냅니다. 읽다 보면 마치 '감정 예측 능력'이라는 초능력을 장착한 듯한 기분이 들어요.

인공지능처럼 하루아침에 모든 기술을 습득할 순 없지만 책이 안내하는 대로 하나씩 실천하다 보면 누군가가 나를 떠올릴 때 기분 좋은 미소가 지어지는 사람이 되어 있을 거라는 믿음이 생깁니다. '호감'이 단순한 이미지가 아니라 '삶의 방식'이 될 수 있다는 걸, 이 책이 다정하게 증명해주니까요. 마음속에 오래 남는 호감 어린 사람이 되고 싶은 분들에게 이 책을 적극 추천합니다.

_책여사 이지혜(15만 팔로워 북인플루언서)

> 프롤로그

말 덕분에 살아남고, 말 때문에 무너졌다

**사회적·직업적으로 성공하기 위한
가장 쉬운 방법은 무엇일까?**

미라클 모닝, 아침 루틴, 자기관리 앱, 스타일 관리, 시간 관리, 독서 그리고 매력적인 성격까지, 우리는 더 나은 사람이 되기 위해 이런 것들을 갖추려고 끝없이 노력한다. 그런데도 여전히 풀리지 않는 의문이 하나 있다. 왜 어떤 사람은 성공하고, 어떤 사람은 그렇지 못할까?

크게 성공하고 많은 사랑을 받는 사람 중에는 수줍음을

많이 타는 사람도 있고, 활기가 넘치는 사람도 있다. 또 섬세한 사람도 있고, 단순한 사람도 있다. 내향적인 사람이 존경받는 경우도 많고, 오히려 외향적인 사람이 외면받기도 한다. 즉, 성격이나 외모만으로 인생의 성공과 사랑이 결정되는 건 아니라는 뜻이다(아카데미 시상식 사회자를 뽑는 오디션이라면 모를까). 그렇다면 진정한 성공의 비결은 과연 무엇일까? 이 책이 그 답을 찾는 데 도움이 될까?

먼저, 이 책이 당신에게 줄 수 있는 것과 없는 것이 무엇인지부터 명확히 하겠다. 그 후에 당신 스스로 판단하면 된다. 이 책을 읽는다고 해서 원유 선물 거래에 대해 증권 트레이더와 유창하게 대화할 수 있다는 보장은 없다. 또는 박사와 그의 논문을 주제로 깊은 대화를 나누게 될 것이라고 장담할 수도 없다. 하지만 한 가지는 약속할 수 있다. **바로 사람들 앞에서 자신감을 갖고, 편안하게 대화하며, 누구와도 자연스럽게 친해질 수 있게 될 것이라는 점이다.**

당신도 이미 느꼈겠지만, 우리 모두의 머리 위에는 보이지 않지만 꽤 견고한 '성공의 벽'이 있다. 이 책은 그 불쾌한 장벽을 부수고, 개인적으로나 직업적으로 더 높은 곳으로 올라갈 수 있는 무기를 갖추도록 도와줄 것이다. 당신은 아마 지금껏 존재하는 줄도 몰랐던 섬세한 '소통의 기술'을 배우게 될 것이고, 인간관계를 망치고 우정과 사랑, 나아가 비즈니스 기회까지 잃게 만드는 '어리석은' 말과 행동을 피하는 법을 익히게 될 것이다.

더 나아가, 사람들에게 '호감'이라는 특별한 선물을 주는 방법도 배울 것이다. 안타깝게도 많은 사람이 타인을 대할 때 이 중요한 요소를 간과하는 경향이 있다.

연구소에 가서 답을 찾아보자

한번 상상해보자. 정신과 교수와 함께 연구소에 들어서면, 아무것도 입지 않은 남자 두 명이 등받이 의자에 앉아 있다. 그들은 미소를 짓고 있지만, 얼굴에는 민망한 기색이 역력하다. 다행히 교수는 곧 그들에게 담요를 건네고, 당신에게 오늘 진행할 실험에 대해 설명하기 시작한다.

"여기 이 두 분은 말이지, 모두 다국적 기업에서 일하고 있다네." 교수의 말에 따르면, 한 사람은 CEO다. 그에게는 사랑하는 가족과 성실한 직원들, 소중한 친구들이 있고,

넉넉한 재산을 바탕으로 삶을 즐기고, 주변을 돌보며, 자선 단체에도 후하게 기부한다.

"다른 한 사람은 말이지, 회사에서 바닥 청소를 하고 있다네." 이 청소노동자 역시 착하고 정직한 사람이지만, 인간관계에서 여러 차례 실패를 겪었고, 친구도 거의 없으며, 생계를 유지하기조차 힘든 상황이다.

교수는 당신에게 이런 과제를 던진다. "자, 그럼 누가 CEO이고, 누가 청소노동자인지 한번 맞혀보게."

당신은 의아한 표정으로 두 남자를 번갈아 쳐다보지만, 그다지 큰 차이는 없어 보인다. 나이도 비슷해 보이고, 체중이나 피부색도 다를 게 없다. 또한 지능 수준 역시 외모만으로는 판단할 수가 없다. 교수는 두 사람에게 다가가 담요 아래를 살짝 들어 맨발을 드러내더니, 당신에게 묻는다. "이 발을 보고 힌트를 찾을 수 있겠나?"

"음, 아니요." 어디에 힌트가 있다는 건지, 당신은 도무지 감이 잡히지 않는다.

그러자 교수는 이번에는 담요를 더 높이 들어 무릎과 허벅지까지 드러내고, 다시 한번 묻는다. "그럼, 이건 좀 도움이 되는가?"

더 혼란스러워진 당신은 고개를 저으며 아니라고 대답한다. 이후 교수가 다시 담요 쪽으로 다가가는 순간, 당신은 최악의 상황을 떠올리며 두려움에 눈을 질끈 감는다. 그러다 조심스럽게 눈을 슬쩍 떠보니, 안도의 한숨이 절로 나온다. 다행히 그들의 상반신과 머리만이 드러났을 뿐이었다. 담요를 덮고 있던 남자들도 안도한 듯 숨을 크게 내쉰다.

교수는 턱수염을 만지며 당신을 뚫어지게 바라본다. 눈빛만으로 같은 질문을 반복하는 듯하다. 당신은 두 남자를 다시 쳐다본다. 〈코스모폴리탄〉 잡지의 모델처럼 화려한 외모는 아니지만, 둘 다 꽤 괜찮은 인상이다.

"죄송하지만, 누가 어떤 직업을 가졌는지 전혀 구분할 수 없어요."

교수는 별로 놀라는 기색 없이 말을 이었다. "두 사람은 유사한 사회·경제적 배경을 갖고 있네. 같은 동네에서 자랐고 어렸을 때는 같이 뛰어놀았지. 같은 학교에 다녔고 IQ 검사도 비슷한 점수를 받았어. 이건 어떻게 생각하나?"

실험의 끝, 두 참가자의 첫마디

당신은 어깨를 으쓱이며 대답한다. "저는 도저히 모르겠어요."

교수는 미소를 지으며 실험 참가자들을 향해 몸을 돌리고 말한다. "수고하셨습니다. 이제 가셔도 됩니다." 두 사람은 마침내 실험이 끝났다는 사실에 당신 못지않게 안도하는 눈치다. 그들은 담요를 몸에 단단히 두른 채 자리에서 일어선다.

그때 첫 번째 참가자는 두 번째 참가자를 돌아보며 "조, 실험이 끝나서 좋지요? 수고 많았어요!"라고 말한다. 그는 문을 열고 나서면서, 당신을 향해 이렇게 덧붙인다. "이번 실험이 두 분께도 꽤 불편했을 것 같네요. 아주 중요한 연구를 하고 계시는 것 같은데, 다음번 실험도 꼭 성공하길 바랍니다."

한편, 두 번째 참가자는 자리를 뜨며 이렇게 말한다. "제가 두 분께 도움이 됐다니 정말 기쁘네요." 그런데 문 앞에서 잠시 걸음을 멈추더니, 기대에 찬 표정으로 교수를 바라본다. 교수가 돈을 건네자, 그는 재빨리 받아 든다. 그런데 주머니에 넣으려다 문득 멈칫한다. 주머니가 없던 것이다. 그는 약간 어색한 표정을 짓고 나간다.

교수는 문을 닫고 다시 한번 의미심장한 질문을 던진다. "자, 그럼 이제는 누가 CEO이고, 누가 청소노동자인지 알겠는가?"

그제야 당신은 활짝 웃으며 자신 있게 대답한다. "첫 번째 참가자가 바로 CEO입니다."

"그렇지!" 교수는 아주 흡족한 표정을 지으며 묻는다. "그걸 어떻게 알았나?"

"첫 번째 참가자는 두 번째 참가자의 감정뿐 아니라 저희 감정까지도 신경 쓰는 것 같았어요. 반면 두 번째 참가자는 '제가 두 분께 도움이 됐다니 기쁘네요'라고 말했죠. 들을 땐 정중하게 느껴졌지만, 생각해보니 중심에 자기 자신이 있는 표현이에요. 그의 말을 듣고 나니 우리가 그에게 뭔가 빚을 진 것 같은 느낌이 들었어요."

"자네 말이 맞네!" 교수가 마치 유레카를 외치듯 얼굴을 환하게 밝히며 설명을 이어갔다. "보다시피, 첫 번째 참가자는 상대방의 입장에서 생각했어. 덕분에 조와 바로 교감할 수 있었지. 조가 불편해할 것을 예상하고, 그의 불편함을 덜어주기 위해 '수고했다'라는 말까지 덧붙였거든. 반면, 두 번째 참가자는 '당신은 내게 빚을 졌다'는 듯한 태도를 보였어. 나는 그 모습을 보고 그에게 돈을 건넸던 거야. 그 순간 더 이상 빚진 것이 없어진 셈이지."

당신도 교수의 말에 맞장구를 친다. "맞아요. 몇 년 후에 첫 번째 참가자가 작은 부탁을 한다면, 흔쾌히 들어줄 것 같아요." 물론 청소노동자의 말도 진심이 묻어나는 정중한 표현이었다. 그는 실험에 참여한 데 보람을 느끼고 있었고, 도움을 주었다는 자부심을 자연스럽게 드러냈다. 하지만 그의 표현은 듣는 이에게는 조금 다르게 받아들여질 여지가 있었다.

"음, 그런데요. 교수님, 참가자들이 옷을 벗고 있었던 이유는 뭔가요?"

교수가 대답한다. "이번 실험에서 참가자들에게 옷을 벗게 한 이유는 약간의 불편함을 주기 위해서였네. 즉 낯설거나 새로운 상황에서 그들이 어떻게 반응하는지 보기 위해서였지. 그건 우리가 모두 일상에서 겪는 일이잖나."

교수가 당신을 바라보며 다시 묻는다. "같은 불편함 속에서도 CEO가 더 자신 있어 보이지 않았나? 그건 다른 참가자가 그런 난처한 상황에 처했을 때 그가 어떤 기분일지 예상했기 때문이야. 그래서 자신의 불편함을 뒤로하고 상대를 배려한 거지. 혹시 그가 실험이 끝나고 한 첫마디를 기억하는가? '조, 실험이 끝나서 좋지요? 수고 많았어요.' 그는 조가 지금 어떤 말을 듣고 싶을지 떠올렸고, 자존감을 북돋아줄 한마디를 선택한 거야."

그가 이어서 설명한다. "그가 자신감 있어 보였던 이유는 단지 말투 때문이 아니야. 그는 오랫동안 사람들에게 존중받고 따뜻한 대접을 받아온 사람이었지. 그런데 왜 사람들은 그를 다정하게 대했을까? 이유는 간단해. 그가 먼저 사람들을 따뜻하게 대했기 때문이지. 그는 우리 세 사람을 대할 때처럼, 모든 사람을 대해왔을 거야. 상대의 감정을 살피고, 예상하고, 그에 맞춰 자연스럽게 반응해온 사람이었을 거야."

CEO는 벌거벗은 두 남자를 바라보며 실험을 지켜보는 이 상황이 우리에게도 충분히 불편할 수 있다는 점을 이해했고, 그 감정까지 배려했던 것이다. 이 사고 실험에서 우리가 진짜 주목해야 할 점은 누가 CEO이고, 누가 청소노동자라는 점이 아니라, 그 어떤 상황에서도 상대의 마음을 살필 줄 아는 태도 자체였다.

교수는 마지막으로 덧붙인다. "우리가 어떤 직업을 갖게 되고 어디에 서게 되는지는 생각보다 많은 사회적 맥락과 우연에 의해 결정되는 것은 맞다네. 이 실험은 그런 조건들을 잠시 걷어낸 장치일 뿐이야."

그렇다. 이 사고 실험은 어디까지나 한 예시일 뿐, 그 자체로 현실을 설명하는 유일한 정답은 아니다. 그럼에도 우리는 분명히 어떤 차이를 느꼈다. 같은 상황 속에서도 누군가는 더 편안해 보였고, 누군가는 더 자연스럽게 사람들과 연결되었다. **이 차이를 만든 건 말솜씨나 배경이 아니라, 바로 '감정 예측'이라는 능력이었다.**

감정 예측은 능력이다

인생에서 눈에 띄는 성공을 이룬 사람은 공통적으로 높은 '감정 예측*Emotional Prediction, EP*' 능력을 보여준다. 호감을 남긴 첫번째 실험 참가자는 짧은 순간에도 다른 참가자와 교수, 그리고 당신이 어떤 감정을 느낄지 예측했다. 덕분에 단 몇 마디만으로 모두와 교감을 이루며 사람들에게 호감을 줄 수 있었다.

이러한 감정 예측 능력을 타고난 사람들도 드물게 있지만 안타깝게도 대다수는 그렇지 않다. 감정은 워낙 복잡하게 작용하는 탓에, 많은 이가 감정을 예측하지 못하는 건 물론, 자신의 감정조차 제대로 읽지 못하곤 한다.

미국 심리학회에서 발행하는 학술지 〈성격 및 사회심리학 저널*Journal of Personality and Social Psychology*〉에 수록된 한 연구에서, 연구진은 중요한 시험을 몇 주 앞둔 학생들에게 시험 직전과 직후 몇 시간 동안 어떤 기분일지를 예측해보라고 요청했다. 이후 연구진은 성적이 발표되기 직전에도 어떤 기분인지 물었다. 마지막으로 연구진은 이렇게 질문했다. "시험에 통과하면 어떤 기분이 들까요? 낙제하면 어떤 기분이 들까요?" 그러나 이 모든 질문에서 자신의 감정 반응을 정확하게 예측한 학생은 거의 없었다.

이제는 당신의 차례다. 이 책을 다 읽을 즈음이면 다른 사람들이 자신의 감정을 인식하기도 전에, 당신이 먼저 그들의 감정을 감지하고 자연스럽게 호감을 줄 수 있을 것이다. 물론 우리가 반드시 CEO가 되어야 한다거나, 되고 싶어야 한다는 뜻은 아니다. 다만, 당신 인생의 가장 큰 목표가 무엇이든 간에 감정 예측 능력은 필수적인 자질이라는 뜻이다. 친구를 사귀든, 사랑을 찾든, 더 나은 직장을 구하든, 혹은 그저 사람들과 유대감을 형성하고 싶든지 간에, 감정 예측은 살아가는 데 있어 반드시 필요하다.

단순히 '예쁜 말'이 전부는 아니다

나는 종종 궁금했다. 한때 서로 사랑하고, 함께 생활하며, 심지어 아이를 낳거나 공동으로 사업까지 했던 사람들이 어떻게 그렇게까지 서로를 혐오하고 돌아서게 될 수 있을까?

오늘날 결혼하는 부부 중 40퍼센트 이상이 이혼으로 끝난다. 배우자의 감정을 제대로 이해하지 못하면, 사랑했던 기억은 보이지 않는 적대감으로 쉽게 변할 수 있다. 사람들은 종종 폭발할 것 같은 감정을 내면에 감춘 채 살아간다. 마치 터지지 않은 수류탄처럼 말이다. 우리는 종종, 무심한 말 한마디나 작은 행동 하나로 상대를 판단해버린다. "그는 독재자야.", "그녀는 멍청이야." "저 사람은 왜 저렇게 이기적이지?"라며 그 사람 전체를 단정해버리고, 그때부터 한때 가까웠던 사람조차 더 이상 있는 그대로 보지 않는다.

말을 오해하는 그 순간이 바로 전환점이다. 커플이 서로의 관계에서 '기쁨'보다 '고통'을 더 많이 느끼게 되는 순간, 이는 누군가가 수류탄의 핀을 뽑아버린 것과 같다. 그로 인한 상처는 깊고 치명적이다. 결국 대부분의 커플은 헤어지고 만다.

고대 그리스 철학자 에피쿠로스*Epicurus*는 기원전 300년경, 파피루스에 '쾌락-고통의 원리'를 기록했고, 그 후로 정신과 의사들과 심리학자들은 이 원리를 받아들여 왔다. 쾌락-고통 원리를 고안해낸 것으로 잘못 알려진 지그문트 프로이트*Sigmund Freud*는 자신의 저서에서 이 개념을 구체화했다. 세계적 동기부여 전문가인 토니 로빈스*Tony Robbins*는 무대 위에서 춤을 추며 이렇게 외쳤다. "사람들은 즐거운 것을 추구하고 고통스러운 것은 피하려 한다!"

 이 쾌락-고통의 개념을 어떻게 포장하든 간에 변하지 않는 진실이 있다. 바로 이 원리는 모든 인간관계에도 큰 영향을 미친다는 사실이다. 당신이 누군가의 삶에 미치는 아주 작은 영향들은 쌓이고 쌓여간다. 그러다 무심코 누군가에게 준 부정적인 감정이 충분히 누적되면, 그 사람은 곧 자기 삶에서 당신이 사라지길 바란다. 반면에 당신과 접촉할 때마다 스스로에게 더 긍정적인 감정을 느낀다면? 그 사람은 존중과 애정으로 당신에게 보답할 것이다.

 이는 단순히 '칭찬하라'는 말이 아니다. 그것은 70년 전, 데일 카네기_Dale Carnegie_가 강조했던 오래된 이론일 뿐이다. 오늘날 노골적인 칭찬은 오히려 진부하고 불편하게 느껴지기도 한다. 사람들로부터 진정한 존중과 호감을 얻으려면 그들의 '내면'을 더 깊이 이해해야 한다. 그들의 연약한 자존감이 어디에 존재하는지, 그 크기와 형태가 어떤지를 파악해야 한다. 그래야만 그들의 감정을 더 정확히 예측하고 민감하게 반응할 수 있으며, 이를 통해 서로 진정한 호감을 나눌 수 있다.

'CEO와 청소노동자 실험'을 다시 살펴보자

당신에게 호감을 줬던 실험 참가자, CEO는 당신과 교수의 감정을 그대로 같이 느끼고 있었다. 그가 "이 실험이 두 분께도 꽤 불편했을 것 같네요"라고 말했을 때, 그 말은 칭찬이 아니었다. 단지 당신이 이상한 실험을 수행하며 느꼈을 감정을 인식하고 예측했을 뿐이다.

반면 다른 실험 참가자인 청소노동자는 오직 자기 자신만을 대변했고, 당신과 교수의 감정을 전혀 헤아리지 않았다. 그의 자기중심적인 사고방식은 작은 가시처럼 느껴질 수 있다. 일종의 '고통의 가시*Pain prick*'라고나 할까? 그와 만난 것은 그때가 처음이었고 이를 상쇄할 만한 긍정적인 다른 기억도 없다. 그래서 그 작은 가시는 당신이 그를 위해 무언가를 하거나, 그를 다시 만나고 싶다는 마음마저 꺾어버릴 만큼 아주 날카롭다.

모든 사람의 자아는 극도로 얇은 피부를 가진 혈우병 환자와 같다. 그래서 아주 조금만 찔려도 과다 출혈이 일어난다. 만약 당신이 아무 생각 없이 누군가에게 작은 고통의 가시를 세우게 된다면, 그 사람의 내면은 피를 흘리

며 속으로 이렇게 말할 것이다. '그 사람에게서 멀리 떨어져. 저 사람은 나한테 위험한 존재야!'

고통이 아닌 즐거움을 떠올리게 하는 존재가 되어라

신경 언어 프로그래밍*Neurolinguistic programming, NLP*은 1970년대에 개발된 심리치료 기법이다. 이 이론을 지지하는 사람들은 앞서 언급한 청소노동자가 고통과 타인을 '연관'시키는 상태라고 설명한다. 실제로 누군가가 그와 몇 번 더 부정적인 경험을 하게 된다면, 그를 보는 것만으로도 불쾌한 감정을 떠올릴 수 있다. 내가 아는 한 여성은 항암치료를 마친 후에도 몇 년 동안 출근길에 그 병원을 지나칠 때마다 극심한 구토감에 시달렸다. 그래서 병원을 피하려고 몇 분 더 걸리는 길을 선택했다.

신경 언어 프로그래밍에 따르면, 행복할 때마다 코를 두드리는 행동을 반복하면 나중에는 그 동작만으로도 행복한 감정이 되살아날 수 있다고 한다. 물론 실제로 그렇게 해본 적은 없지만, 특정한 사람이나 아이들의 사진을 보기만 해도 기쁨이 밀려오는 경험은 자주한다. 다시 말해, 그들은 내게 즐거움을 떠올리게 하는 존재인 셈이다.

이제부터 소개할 독특한 의사소통 기술, 즉 '호감의 디테일'은 사람들이 당신을 떠올릴 때 저절로 즐거운 감정을 느낄 수 있도록 도와줄 것이다. 누군가와 함께할 때 이 비법 중 몇 가지를 사용해보면, 그 사람은 당신을 생각하는 것만으로도 즐거워질 것이다.

당신이 만약 이 디테일들을 이미 사용하고 있다면, 스스로에게 박수를 보내도 좋다. 당신에게는 감정 예측 능력이 있다는 뜻이니까. 이런 보기 드문 자질을 타고난 사람들도 있지만, 대부분은 배워서 익혀야 한다. 나 역시 배워서 알게 됐고, 그러면서 여러 번 힘든 과정을 거쳐야 했다. 이제 그 방법을 당신에게 알려줄 것이다.

레일 라운즈

"사람들은 당신이 한 말을 잊고,
당신이 한 행동도 잊는다.
하지만 당신이 느끼게 한 감정은 절대 잊지 않는다."

— **마이아 앤절로**_Maya Angelou_
미국 국가 예술 훈장 수훈자, 시인

차례

추천사 ··· 4

프롤로그 말 덕분에 살아남고, 말 때문에 무너졌다 ··· 6

들어가기 전에 ··· 28

1부 말보다 먼저 당신을 드러내는 것
: 비언어적 커뮤니케이션

믿음직스럽고 유능한 사람으로 보이는 작은 습관 ··· 36
내향형 사람들이 존재감을 키우는 비결 ··· 42
악수 한 번으로 기억에 남는 방법 ··· 48
부담스럽지 않게 호감을 표현하는 순간의 손길 ··· 52
사람을 끌어당기는 '탐색하는 눈' ··· 56
원하는 사람을 만나는 가장 쉬운 방법 ··· 62
자리 선택이 가져오는 심리적 우위 ··· 65
웃음으로 사람을 사로잡는 순간 ··· 71

2부
존재감이 확실해지는 순간, 진짜 대화가 시작된다 : 소통의 정석

말하는 순서만 바꿔도 첫인상이 좋아진다 ··· 78
처음 본 사람과도 자연스럽게 대화가 되는 질문 ··· 83
대화의 최소 조건, 나만의 입장 정리하기 ··· 92
은근히 내 자랑거리로 이야기 끌고 가는 비법 ··· 98
영향력 있는 사람을 사로잡는 인사법 ··· 103
어색하지 않게 대화 주제를 바꾸는 기술 ··· 107
감정 예측으로 대화의 흐름을 파악하는 사람 ··· 111
같은 질문을 반복해서 받을 때, 호감형 답변의 정석 ··· 115

3부
말투만으로 오래가는 사이가 있다
: 관계의 기술

첫인상보다 마지막 인상이 중요한 이유 ··· 120
상대의 실수를 나의 호감으로 바꾸는 대화법 ··· 127
거절당하지 않는 영리한 제안 ··· 131
거절할 때도 상대방의 자존감을 지키는 대화법 ··· 134
축하를 반복하면 잊히지 않는다 ··· 138
좋은 인상을 남기는 감사의 타이밍 ··· 142
왜 비판은 디테일하고, 칭찬은 한 마디로 끝내는가 ··· 145

4부
자리에 맞춰 말도 옷을 갈아입는다
: 상황별 대화 공식

사람들 앞에 설 때 자신감을 복장에 담는다 ⋯ 150
당신을 기억하게 만드는 비즈니스 미팅 ⋯ 155
애정 표현도, 영업도, 타이밍이 전부다 ⋯ 159
외국인과의 대화, 말보다 먼저 전해지는 것 ⋯ 163
나도 모르게 선 긋는 화법 ⋯ 166
듣는 사람에게 맞춰 말하는 방법 ⋯ 169
큰 실수를 인정하는 현명한 방법 ⋯ 172

5부
마주 보지 않아도 마음을 얻는 법
: 비대면 소통

당신의 이메일을 보고 미소 짓게 하는 방법 ⋯ 178
메시지에서 자기중심적으로 보이지 않으려면 ⋯ 184
직장에서 빈둥거리는 사람으로 보이지 않는 방법 ⋯ 190
언제 전화하고, 언제 이메일을 보낼지 고민된다면 ⋯ 192
핸드폰으로 상대방의 자존감을 높이는 방법 ⋯ 196
전화를 끊는 순간에도 호감은 남는다 ⋯ 200

6부 망친 말은 주워 담을 수 없다
: 작지만 치명적인 말실수

초대받은 사람이 지켜야 하는 대화의 태도 … 204
지각도 센스 있게 하면 호감이 된다 … 209
'할 일 없는 사람'으로 만드는 말버릇 … 213
내 지위를 깎아 먹는 언어의 디테일 … 216
그 말 한 마디가 탈락을 부른다 … 220
때로는 침묵이 최고의 발언이다 … 226
'솔직히 말하는 사람'을 주변에 두면 안 되는 이유 … 231
그래서 진짜 하고 싶은 말이 뭐야? … 236

에필로그 이제 그냥 호감 가는 사람이 된 당신에게 … 240

들어가기 전에

강아지와 고양이

찰리 브라운Charlie Brown의 강아지, 스누피Snoopy는 1950년부터 지금까지 전 세계에서 가장 사랑받는 캐릭터 중 하나다. 스누피는 엄청난 상상력을 지닌 공상가이며 마치 모든 것에 능한 달인처럼 보인다. 적어도 자신의 개집 위에서 공상하는 동안에는 말이다.

흥미롭게도 그는 한마디 말도 하지 않는다. 그의 생각은 말이 아닌 '말풍선'으로 표현된다. 만화에서는 대사를 말풍선으로 표시하지만, 스누피의 말풍선은 그가 입 밖으로 내지 않는 생각들이다. 마치 머리 위에 떠오른 작은 구름처럼 말이다.

스누피처럼 모든 사람에게는 각자의 말풍선이 있다. 이런 생각들은 이 책에서 중요한 역할을 한다. 책 속에 말풍선을 그대로 옮길 수는 없기에, 지금부터 마음속으로 하는 생각은 아래처럼 *기울임체*로 표시할 것이다. 그런 생각들은 실제로 입 밖으로는 표현되지 않는 것들이다.

* *하지만 스누피처럼 마음속에서는 생각하고 있다.*

고양이 역시 이 책에서 중요한 역할을 한다. 앞으로 '빅캣*Big cats*'이라는 명칭이 자주 등장할 것이다. 왜 사람을 고양이에 비유할까? 우리가 흔히 사회를 '정글'이라고 부르기 때문이다. 실제 자연에서 사자, 호랑이, 퓨마 같은 고양잇과 동물들은 조심스럽게 서로의 주위를 돌며, 눈빛만으로도 누가 더 강한 생존 능력을 가졌는지 가늠한다. 일명 정글에 사는 우리들도 의식적으로든 무의식적으로든 같은 행동을 한다. 다만, 우리는 이나 발톱, 체격으로 경쟁하지 않는다. 인간의 정글에서 중요한 생존 요소는 다른 고양이들과 잘 소통하고 호감을 남기는 능력이다.

'거물'이라는 뜻의 '빅샷Big shot', '빅휠Big wheel', '빅치즈Big cheese' 같은 용어는 보통 거만하거나 권위적인 사람을 부를 때 쓰인다. 그래서 나는 그런 표현 대신, **의사소통 기술과 감정 예측을 통달한 사람들을 '빅캣'이라 부르려 한다**. 벌거벗은 CEO처럼 빅캣은 항상 자신과 주변 환경, 현재 상황, 다른 사람들을 의식한다. 그들은 네 가지 요소를 모두 조화시키기 위해 혼신의 노력을 기울인다.

인간이라면 누구나 존중과 인정을 갈망한다

지금부터 소개할 호감의 디테일은 자기 자신의 자신감과 평판을 높이는 기술이며, 동시에 타인의 감정을 예측하고 배려하는 방법이다.

모든 사람은 존중과 인정을 원한다. 좀 더 솔직히 말하면, 자신이 존경하는 사람으로부터 인정받기를 바란다. 단순한 관심이나 칭찬이 아니라, 가치 있다고 여기는 사람의 인정을 더 갈망한다.

이런 인정 욕구는 어린 시절부터 시작된다. 유치원생은 부모에게 인정받기를 원한다. 아이들은 선생님의 칭찬을 기대하고, 10대들은 또래 집단의 인정을 간절히 바란다. 성인이 된 후에도 사람들은 여전히 자신이 존경하는 사람들에게 인정받기를 갈망한다.

그래서 누군가가 당신을 존경할 때, 당신이 그에게 진심 어린 존중을 보이면 그의 자존감은 더 높아진다. 그리고 그 사람이 억눌러왔던 감정까지 세심하게 읽고 배려할 수 있다면, 그 감정은 단순한 호감을 넘어 깊은 애정과 존경심으로 변할 수 있다.

'타인을 조종하는 기술', 써도 될까?

많은 독자가 내게 묻곤 한다. "레일, 그 '작은 디테일' 중엔 다른 사람을 조종하는 것도 포함되지 않나요?"

이 질문에 답하기 위해 잠시 광란의 1920년대로 돌아가 보고자 한다. 1920년 1월 16일 오후 11시 59분, 이는 미국인들이 합법적으로 술을 마실 수 있었던 마지막 시간이었다. 자정이 되면 금주법이 시행되고, 그로부터 13년간 술은 불법이 되었다. 그때 한 현명한 정치인은 금주법에 찬성하는지 반대하는지에 대한 물음에 이렇게 대답했다.

"만약 알코올이 가정을 파괴하고, 남편을 괴물로 만들고, 아내를 폭행하며, 자녀를 방치하는 위험한 술을 의미한다면, 금주법에 전적으로 찬성합니다. 하지만 알코올이 좋은 동료애를 고취하고, 식사 시간에 즐거움을 더하는 고귀한 음료를 의미한다면, 금주법에 반대합니다."

나도 이와 유사하게 답하고 싶다. 만약 '조종'이라는 단어가 남을 속여 무언가를 얻어내고, 상대방을 자신의 의도대로 움직이게 하며, 자신과 타인을 속이고, 오로지 스스로의 이익만을 추구하는 교묘하고 불공정한 수단을 의미한다면, 나는 조종에 반대한다.

하지만 조종이 타인의 감정을 예측하고, 그들이 자신감을 얻고, 동시에 당신과 함께하는 시간을 즐기고, 당신과의 관계를 소중하게 여기도록 하는 것이라면, 나는 조종에 찬성한다.

나는 당신이 호감의 디테일을 그런 마음으로 사용하길 바란다. 사람들의 마음을 읽고, 그들이 조금 더 나아질 수 있도록 도와주기를. 그리고 만약 그들이 우연히 당신에게 친절을 베푼다면, 그것은 당신이 그들을 조종해서가 아니다. 그저 관계 속에서 자연스럽게 생긴, 기분 좋은 부산물일 뿐이다.

* 그들이 당신을 좋아하게 만들기 위해 무엇을 할 수 있는지 묻지 마라. 그들이 스스로를 좋아하게 만들기 위해 당신이 무엇을 할 수 있는지 물어보아라.
그러면 그들이 결국 당신을 사랑하게 될 것이다.

*How to
Instantly Connect
with Anyone*

1부

말보다 먼저 당신을 드러내는 것

: 비언어적 커뮤니케이션

믿음직스럽고 유능한 사람으로
보이는 작은 습관

고객센터에 분노했던 기억, 누구나 한 번쯤은 있지 않은가? 나도 예외는 아니다. 어떻게든 한 방 되갚아주고 싶은 충동이 들었지만, 곧 깨달았다. 감정에 휘둘려 복수하다 좁디좁은 감옥에 들어가게 된다면, 그 복수가 과연 달콤하기는 할까?

그날 나는 기진맥진한 상태로, 미국 캔자스시티에 도착한 비행기에서 내려 공항의 렌터카 업체로 비틀거리며 들어갔다. 근처에서 세미나가 있을 예정이었고, 다음 날에는 또 다른 세미나를 위해 캔자스주 위치토까지 차를 몰고 가야 했다. 렌터카 직원은 중형차는 없지만 소형차라면 빌릴 수 있다고 했다. 오토바이와 대형 트럭 사이를 운전하며 목숨을 걸고 싶지는 않았기에, 내일 더 큰 차를 빌릴 수 있는지 물었다.

"물론입니다." 그는 자신 있게 말했다. "오늘은 소형차를, 내일은 중형차로 준비해드릴게요."

"음, 알겠습니다." 나는 그의 명찰을 보며 물었다. "확실한가요, 사미르? 내일은 새벽 5시에 출발해야 하거든요."

"그럼요. 문제없습니다." 그는 미소를 지었다. 그래도 혹시 몰라 호텔에 메시지를 남겨줄 수 있는지 물었다.

"물론이죠." 그는 여전히 미소를 지은 채 대답했다.

"하얏트 리젠시 호텔에 묵고 있어요. 전화번호는 816-123-1234입니다."

"알겠습니다. 차가 들어오는 대로 전화드릴게요."

"음, 그런데 전화번호 적으셔야 하는 거 아니에요?"

"아뇨. 다 기억했습니다."

"그럴 리가……." 나는 중얼거리며 소형차에 올라탔다.

엘리베이터를 타고 호텔방으로 올라가는 동안, 사미르에게서 연락이 올 가능성은 사우나 안에서 눈송이를 볼 확률만큼이나 희박할 거라는 생각이 들었다. 결국 나는 약속과 내 번호를 다시 한번 상기시키기 위해 그에게 미리 전화를 걸었다.

그런데 다른 직원이 전화를 받았다. 나는 내 상황을 설명하며 소형차에 대한 걱정을 털어놓았다.

"걱정하지 마세요. 사미르는 이미 고객님 방의 내선 번호로 메시지를 남겼습니다. 혹시 고객님 마음이 바뀌실까 봐, 중형차뿐만 아니라 대형차까지 준비해두었습니다. 어느 차로 할지 말씀만 해주시면, 내일 5시에 하얏트 리젠시 호텔 정문 앞으로 가져다드리겠습니다."

"아, 음, 세상에, 정말 잘됐네요. 감사합니다."

여전히 내 목소리에서 의심이 묻어났는지, 직원이 말을 덧붙였다. "그리고 사미르에 대해서는 걱정 안 하셔도 됩니다. 그는 최고의 직원 중 한 명이에요. 절대 잊어버리는 법이 없죠."

전화를 끊으면서 나는 사미르의 기억력과 유능함에 감

탄했을까? 사실 그렇지 않았다. 분명 그는 모든 약속을 정확히 지켰고, 결과적으로 아무 문제도 없었다. 그런데도 마음 한편이 이상하게 불편했다.

그제야 알게 됐다. 내가 불안했던 건 정보를 잊을까 봐서가 아니었다. 그가 기억할 수 있는지가 아니라, 정말 '신경 쓰고 있는지'를 확인하고 싶었던 거다. 그가 내 전화번호를 메모했더라면 나는 훨씬 더 안심했을 것이다.

물론 사미르는 자신의 기억력에 자신감이 있었을 것이다. 하지만 나는 고객이다. **고객에게 중요한 건 "기억하겠습니다"라는 말이 아니라, '당신의 말을 소중히 여기고 있다'는 태도다.**

즉 사미르가 실수를 한 것이 아니라, 감정 예측에 실패한 것이 포인트다. 내 입장에서는, 그가 메모를 하지 않은 순간 이미 작은 불신의 틈이 생겼다. 정보가 누락될까 봐 걱정된 게 아니라, 내 요청이 가볍게 여겨진 건 아닐까 하는 불안이 스며든 것이다. 상대가 무엇을 원하는지를 미리 헤아리고, 그 감정을 조용히 안심시켜주는 행동, 그게 바로 감정 예측이다.

사회생활·인간관계에도
완벽하게 통하는 감정 예측

지시 사항을 메모하는 것은 단순히 의심 많은 고객을 안심시키기 위한 것만은 아니다. 누군가가 조금이라도 복잡한 지시를 내릴 때, 메모를 하면 상대방이 안심할 수 있다. 상사의 말을 열심히 경청하고 메모장에 빠르게 받아 적을 때, 상사가 얼마나 깊은 인상을 받을지 상상할 수 있는가? 코끼리처럼 기억력이 뛰어나거나, 마치 심장 박동처럼 믿음직스러운 사람이라 해도, 메모하지 않는다면 상사는 당신이 정말로 '이해했는지' 의심할 수밖에 없다.

메모를 잘하는 것은 친구들을 대할 때도 효과가 있다. 특히 감정을 드러내지 않고 정리정돈을 잘하는 사람들에게는 더욱더 효과적이다. 내 룸메이트 필이 그런 사람이다. 필은 친절하고 온화하며, 철저하게 정리정돈을 잘한다. 반면 나는 정리와는 거리가 먼 사람이었다. 필의 펜, 메모장, 스카치테이프, 스테이플러는 일 년 내내 책상 위 컴퓨터 옆, 정확히 같은 자리에 놓여 있다. 내가 펜을 빌려 쓰고 책상 반대편에 두면, 필은 그것을 찾지 않는다. 펜을 본 적이 있는지 물어볼 뿐이다. 하지만 그의 굳은 미소를 보면, 극도로 짜증이 났다는 것을 알 수 있다.

그러던 어느 날 마침내 필이 사색가이자 완벽주의자라는 사실을 깨달았을 때, 나는 무언가를 시도해보기로 했다. 필과 대화를 나누는 동안, 노트를 옆에 두고 가끔 기억해야 할 내용이 있으면 무엇이든 적기 시작한 것이다.

필의 반응은 놀라웠다! 그가 나를 대할 때 존경심이 눈에 띄게 올라간 걸 느낄 수 있었다. 이후로 나는 필과 대화를 나눌 때마다 노트와 연필을 준비한다. 덕분에 그는 더 이상 나를 산만한 사람이라고 생각하지 않는다. 이것이 바로 감정 예측의 효과다. **단순히 말을 기억하는 것이 아니라, 상대가 무엇을 민감하게 여기는지를 미리 파악하고 그에 맞춰 행동하는 것, 그것이 신뢰를 만드는 가장 실용적인 방법 중 하나다.**

내향형 사람들이
존재감을 키우는 비결

회의가 시작되면 한 부장님이 먼저 입을 연다. 그리고 회의가 끝날 때까지, 거의 부장님의 독무대다. 질문도 스스로 던지고, 대답도 스스로 한다. 누가 질문을 하려고 하면, 말을 다 듣기도 전에, "아, 그건 말이지" 하고 바로 이어 붙인다. 참석자들은 고개만 끄덕이며 열심히 받아적는다. 결국 회의 막판, 진행자가 형식적으로 한마디 던진다. "혹시 다른 의견 가진 분 계실까요?"

그런데 조용히 있던 한 사람이 조심스럽게 입을 연다.

짧은 의견 한 마디였지만, 그 순간 분위기가 바뀐다. 모두가 자연스럽게 그 사람에게 집중한다. **묵묵히 듣고 있던 조용한 이가 입을 열면, 그의 목소리는 더 큰 무게를 가진다.**

몇 년 전, 나는 친구의 집에서 열린 작은 모임에 참석한 적이 있다. 참석자가 대여섯 명 정도였고, 그중 한 명은 얀 스토르티라는 여성이었다. 가벼운 인사만 나눴을 뿐, 나는 그녀에 대해 아는 것이 전혀 없었다. 다만 그녀는 매우 집중해서 사람들의 이야기를 듣고 있는 것 같았다.

우리는 다양한 주제로 이야기를 나눴고, 모두가 자신의 의견을 밝혔다. 얀 스토르티만 제외하고. 그녀는 한 마디도 하지 않았다. 나는 그녀가 다양한 주제에 대해 어떻게 생각하는지 궁금했지만, 굳이 물어 그녀를 불편하게 만들고 싶지는 않았다. 그녀가 낯을 많이 가릴 수도 있겠다는 생각이 들었다.

그런데 약 30분이 지나자, 얀은 조용히 입을 열었다. 그리고 곧 대화의 중심으로 들어오기 시작했다. 그녀의 말에는 깊이가 있었고, 사람들은 그녀가 무슨 이야기를 할지 귀 기울이게 되었다. 처음에는 한 마디도 하지 않던 조용함이 오히려 호기심과 기대를 만들었다. 왜 그랬을까?

얀이 처음에 매우 조용했기 때문에, 사람들은 자연스럽게 그녀에 대해 호기심을 갖게 되었다. 돌이켜 생각해보니, 얀에게는 남다른 점이 있었다. 대부분의 사람은 존재감을 드러내고 호감을 얻기 위해 서둘러 말을 꺼내고 자신을 어필하려고 노력한다. <u>**하지만 얀은 아무것도 증명하려고 하지 않았고, 그 점이 오히려 그녀를 더 멋지고 자신감 넘치는 사람으로 보이게 만들었다.**</u>

당신이 수줍음이 많은 사람이라면?

그렇다면 정말 안타깝다. 나 역시 20대 초반까지 극도로 소심했던 터라, 그 마음을 누구보다 잘 이해한다. 사람들과 만나는 일이 고통스러웠고 대화하는 것도 몹시 괴로웠다.

그래서 대화를 시작하면 불안한 마음에 쓸데없는 말을 먼저 꺼내곤 했다. 침묵을 견디지 못했다. 그리고 돌아서서는 '내가 멍청하게 보였던 건 아닐까?' 하고 걱정했다. 그땐 몰랐다. 자신감을 '빨리' 보여줘야 한다는 압박감이 오히려 나를 더 불안하게 만들고 있다는 걸.

내향적인 성향은 단점이 아니라는 것도 몰랐다. 내향적인 사람들은 정보를 더 깊게 처리하고, 말을 더 신중하게 고르며, 대화를 천천히 시작한다. 그런 점들이 오히려 신뢰를 얻는 데 더 도움이 된다는 사실을 알지 못했다.

미국에서 발행되는 〈현대 사회 아동 저널*The Journal of Children in Contemporary Society*〉에 따르면, 두뇌가 뛰어난 아동의 60퍼센트가 내향적이며, 아이비리그 대학에서도 내향적인 학생들이 더 높은 성적을 받는다고 한다. 실제로 많은 상황에서 빠른 대답보다 신중하고 느린 반응이 더 높은 평가를 받는다.

그때 이런 사실을 알았더라면, **나는 말하기에 앞서 먼저 경청했을 것이다. 그리고 말을 아끼는 태도가 오히려 더 신뢰감을 준다는 걸 이해했을 것이다. 그랬다면 사람들은 내 말에 더 주목했을 것이고, 그토록 원했던 자신감도 훨씬 자연스럽게 따라왔을 것이다.**

이 작은 호감의 디테일은 단순한 수다 모임에서만 적용되는 것이 아니다. 오히려 업무 상황에서 훨씬 큰 힘을 발휘한다. 대부분의 업무 회의나 중요한 논의가 시작될 때, 다른 참석자들이 먼저 의견을 말하도록 가만히 있자. 그리고 당신의 차례가 오기 전에 각 의견을 평가하듯, 주의 깊게 경청하라. 그렇게 하면 당신의 의견이 더 가치 있게 받아들여질 것이다.

신중함을 보여주는 인상적인 방법 3가지

- 진지한 논의 중에 질문을 받았을 때, 답을 알고, 하고 싶은 말이 뚜렷해도 3초 정도는 멈춘 뒤 답변하라. 그 3초 동안 질문자와 시선을 맞추는 것만으로도 당신은 더 신중하고 자신감 있는 사람처럼 보일 수 있다. 실제로 《대인관계 행동의 심리학 *The Psychology of Interpersonal Behaviour*》에 따르면, 자신감 있는 사람일수록 침묵 중에도 시선을 회피하지 않는다. 그런 태도 자체가 그 사람의 신뢰를 만든다.
- 질문에 어떻게 대답해야 할지 모르거나 어떻게 표현해야 할지 몰라도 얼버무리지 마라. 살짝 미소를 짓고 질문자를 바라보며 "잠시 생각해볼 시간이 필요합니

다"라고 말하고, 잠시 호흡을 고른 후 차분하게 말하라. 그렇게 표현된 의견은 더 진솔하게 받아들여진다.

- 무례한 질문을 받았을 땐, 당황하지 말고 침착하게 질문자의 이름을 부른 뒤 시선을 맞춰 이렇게 말하라. "그 질문엔 뭐라고 대답해야 할지 모르겠네요, ○○ 씨." 이때는 표정을 바꾸지 말고, 시선도 피하지 마라. 그 짧은 순간이 말보다 더 많은 것을 전달한다.

악수 한 번으로
기억에 남는 방법

 우리는 누군가를 처음 마주하는 단 몇 초 만에, 아주 빠르게 그 사람에 대한 인상을 형성한다. 얼굴을 마주 보고, 눈을 맞추고, 고개를 숙여 인사하는 그 짧은 순간, 그 사람의 태도와 에너지는 이미 어느 정도 전달된다.

 그래서 많은 사람이 말한다. "좋은 첫인상을 남길 두 번째 기회는 없다." 하지만 나는 이 말에 동의하지 않는다. 첫인상은 '한 번의 찰나'에 결정되지 않는다. 오히려 이미지가 망막에 닿는 순간을 지나, 제대로 인사를 나누는 그 순간에, 상대의 온기와 태도가 더 선명하게 드러나면서 진짜 인상이 만들어진다.

고개를 숙이는 각도, 눈빛에 담긴 진심, 말투와 목소리의 톤. 이런 디테일들이 짧은 인사 안에 고스란히 담겨 있다. 그리고 이 순간에 어떤 사람은 단숨에 호감을 주고, 어떤 사람은 미묘한 거리감을 남긴다. 우리가 흔히 '기억에 남는 사람'이라고 말하는 그들은 대부분 이 인사의 기술을 갖고 있다.

코네티컷주 그리니치에 위치한 한 성공적인 기업의 전 CEO, 윌 립턴도 이에 대해 흥미로운 경험담을 털어놓은 적이 있다. 그는 비슷한 실력을 갖춘 두 명의 고위 임원 후보 중 누구를 채용할지를 결정해야 했다. 누구를 선택했냐는 질문에 립턴은 이렇게 답했다. "인사를 더 잘한 사람이요."

요즘 유난히 무성의한 인사를 자주 마주치게 된다. 형식적으로 고개만 까딱하거나, 눈은 딴 데를 보면서 건네는 인사, 혹은 마지못해 던지는 말 한마디. 겉으론 예의를 지킨 것처럼 보이지만, 실제로는 그 어떤 소통도 이뤄지지 않은 채 스쳐 지나간다. 그래서 최근 몇 년 동안, 누군가와 인사를 나누며 '정말 특별했다'고 느낀 순간은 드물었다.

그러다 지난달, 오랜만에 기억에 남는 인사를 경험했다. 캐나다 제네럴 모터스에서 강연을 마친 뒤, 그 회사의 사장이자 총괄이사인 엘리아스와 인사를 나누는 순간이었다.

그의 악수는 강하면서도 따뜻했고, 격식 있으면서도 인간적인 유대가 느껴졌다. 마치 어릴 적, 걸스카우트 시절에 친구들과만 공유하던 비밀 악수를 떠올리게 할 정도였다. 왜 그 짧은 악수가 이렇게까지 강렬하게 느껴졌는지는 설명할 수 없었지만, 나는 그 순간을 선명히 기억하게 됐다.

내가 감탄을 표하자, 엘리아스는 미소를 지으며 손목을 살짝 돌렸다. 그러고는 의사가 맥을 짚는 자리를 가리키며 말했다.

"비밀은 바로 여기예요. 저는 인사할 때마다 상대방의 맥박에 손가락을 살짝 얹습니다."

순간, 무릎을 '탁!' 쳤다. 그의 짧은 악수가 왜 그렇게 진심으로 와닿았는지 이해됐다. 맥박은 말 그대로 심장에서 나오는 파동이다. 누군가의 손을 잡고 맥을 느낀다는 건 단순히 손을 맞댄다는 의미를 넘어서, 그 사람의 리듬과 감정에 가닿는 일이다.

그날 이후, 나 역시 가볍게 상대의 손목에 감각을 얹는 습관이 생겼다. 손을 잡는 동시에 상대의 긴장, 안정, 미묘한 떨림까지 느끼게 됐다. 처음엔 조금 어색했지만, 익숙해질수록 서로 간의 연결감이 놀랍도록 깊어졌다.

최근에는 한 프리메이슨 회원으로부터 흥미로운 이야기도 들었다. 그 단체에는 무려 스무 가지가 넘는 '인사의 방식'이 있다고 한다. 그중 하나는 '사자의 발'이라는 악수인데, 바로 손목을 짚는 방식이다. 그 안에는 상징적인 의미도 있지만, 결국 본질은 같다. 단순한 인사를 넘어서, 상대의 존재에 집중하고 마음을 담는 태도. 그것이 진짜 인상을 남기는 인사의 본질이다.

부담스럽지 않게 호감을 표현하는
순간의 손길

어느 날 저녁 모임에서, 나는 한 노신사에게 '고양이의 목숨이 아홉 개'라는 미신이 진실이 아니라는 이야기를 들려주고 있었다. 적어도 내 고양이 세즈윅의 목숨은 아홉 개가 아니었다. 슬프게도 세즈윅은 6층 창문에서 떨어져 숨을 거두고 말았으니까.

노신사는 안타까운 마음에 내 팔을 잡으려고 손을 뻗었다. 하지만 도중에 마음을 바꾼 듯, 중간에서 멈추고 조심스럽게 손을 뒤로 거두었다. 순간적으로 나를 위로해주고 싶었던 듯했지만, 곧 멈추었다. 그의 마음엔 연민이 있었고, 동시에 나에 대한 존중도 있었다.

그날의 이 작은 장면은 오래도록 내 기억에 남았다. 상대방을 만질 듯이 손을 뻗었다가 중간에서 멈춘 뒤, 자연스럽게 손을 거두는 것. 그 짧은 순간 속에는, 상대를 향한 따뜻함과 섬세한 배려가 동시에 담겨 있었다. 상대에게 존중을 표현하면서도, 당신의 따뜻함이 부담스럽거나 불편하지 않도록 표현하는 방식이었다.

커뮤니케이션에서 가장 먼저 생각해야 할 것은 '이 사람에게 내가 어떤 힘을 줄 수 있을까'다. 그 힘이란 결코 거창한 것이 아니다. 자부심, 자존감, 쓸모, 존중받는 느낌…… 이런 것들이 모두 힘이다. 잠깐의 손짓이나 시선, 작은 접촉의 순간에도 그 힘은 전달된다. 상대방을 존중하면서도 따뜻함을 전하면, 그 사람은 당신과의 시간을 결코 잊지 못한다. 자기에게 힘을 주는 사람을 싫어하는 사람은 없으니까.

접촉이 필요한 순간

물론 접촉이 언제나 조심스럽기만 해야 하는 것은 아니다. 어떤 순간에는 오히려 피하지 말고 손을 내밀어야 할 때도 있다.

인도에서는 수 세기 동안 최하층 계급의 사람들을 '달리트Dalits' 또는 '불가촉천민Untouchables'이라 부르며, 상류층은 그들과 어떠한 신체 접촉도 금기시했다. 하지만 현대 사회에서도, 무의식 중에 누군가를 그렇게 대하는 일이 여전히 있다.

한 계산대 직원은 이렇게 말한 적이 있다. "손에 돈을 직접 건네는 대신, 계산대 위에 휙 던지고 가버리는 사람들을 마주하면 내가 투명인간처럼 느껴져요." 작은 접촉을 회피하는 이 행동은 표면적으로는 별일 아닌 듯 보일 수 있다. 그러나 당사자는 '나는 존중받지 못했다'는 메시지를 단박에 알아차린다. 그리고 그런 경험은, 오래도록 그 사람의 감정을 어둡게 만든다.

작은 예의가 한 사람을 '존중받는 존재'로 만들 수도, '무시당하는 존재'로 만들 수도 있다. 흔한 일상의 순간이지만, 마트에서 장을 보고 계산할 때나, 카페에서 커피값을 치를 때, 계산대 직원의 손에 직접 돈을 건네고, 부담스럽지 않을 정도로 잠시 눈을 마주치자. 그 짧은 순간 속에 담긴 따뜻함은 이렇게 표현할 수 있을 것이다. "이 짧은 순간에도 우리는 서로 연결되어 있습니다."

사람을 끌어당기는 '탐색하는 눈'

어떤 상황에서는 '특정한 표정'이 꽤 강력한 효과를 발휘한다. 이러한 표정은 직업, 사회생활 혹은 연애 관계에서도 목표를 달성하는 데 도움이 될 수 있다.

나는 이걸 연애의 순간에서 처음 체감했다. 아주 개인적인 경험이었고, 그래서 더 명확하게 기억에 남아 있다. 나는 한때 호메릭이라는 크루즈선에 탑승한 적이 있다. 어느 날 밤, 나를 포함한 몇몇 승객이 선장과 함께 식사하는 자리에 초대받았다. 대화가 한창 무르익던 중, 나는 우연히 선장의 얼굴을 보게 됐다. 때마침 선장도 나를 보고 있었고, 바로 그 순간 쿵! 하고 그의 표정에 압도되어 버렸다.

선장 조르조는 머리를 살짝 기울이고 미간을 좁힌 채, 약간 찡그린 눈으로 나를 뚫어지게 바라보고 있었다. 무언가를 찾고 있는 듯한, 혹은 내 마음을 꿰뚫으려는 듯한 눈빛. 그 표정엔 판단과 평가의 기운이 묻어 있었다. 그 때문인지 그의 태도는 다소 거만해 보였다. 나는 황제가 엄지손가락을 들어 올려주길 간절히 바라는 로마 검투사가 된 기분이었다.

그런데 이상하게도, 그 시선이 불쾌하지 않았다. 솔직히 오히려 좋은 기분이 들었다. 조르조의 입술에 살짝 미소가 번지자, 그가 사자들의 공격으로부터 나를 구해준 것 같은 기분이 밀려왔다.

그런데 조르조와 사귄 지 몇 달이 지난 후에야 그날의 진실을 듣게 됐다. 그때의 그 강렬한 눈빛은 '나를 사로잡으려는' 의도에서 비롯된 것이 아니었다. 조르조는 평소 조종실에서 짙은 안개 속을 항해하며 레이더나 불빛을 찾는 데 익숙해진 사람이었다. 그 눈빛은 훈련된 집중 그 자체였다. 그래서 나는 이 작은 비법을 '탐색하는 눈빛'이라 부르기로 했다.

'탐색하는 눈'은 단순한 표정이 아니다. 그것은 상대방에게 "나는 지금 당신에게 집중하고 있어요"라고 말하는 얼굴이다.

탐색하는 눈을 만들려면 어떻게 해야 할까?

이 표정을 만들고 싶다면, 어두운 시골길에서 차가 멈춘 상황을 상상해보라. 달도 없고, 가로등도 없다. 어디선가 불빛이 보이길 바라며 안개 속을 뚫고 눈을 가늘게 뜨고 바라보는 그 순간이 바로 이 표정의 첫 단계다. 그리고 멀리서 작은 불빛이 보였을 때, 긴장이 풀리며 미소가 번지는 순간. 이것이 두 번째 단계다.

첫 번째 표정은 상대에게 '신중히 평가하는 듯한' 인상을 주지만, 적대적인 태도가 아닌, 오히려 깊은 관심과 배려에서 비롯된 것이다. 두 번째 표정은 '받아들임과 신뢰'를 전달하며 상대에게 긍정적인 감정을 불러일으킨다.

비즈니스에 활용하는 방법

'탐색하는 눈'은 비즈니스 상황에서 매우 효과적인 도구가 될 수 있다. 이 표정은 당신이 어떤 아이디어나 사람을 최종적으로 승인하기 전에 신중하게 생각하고 있다는 인상을 준다. 이를 통해 자연스럽게 상대방을 평가하는 위치에 서게 되며, 상황에 맞게 표정의 유지 시간을 길거나 짧게 조절하면 더욱 효과적이다.

특히 여성에게는 이 작은 비법이 직업적으로 강력한 무기가 될 수 있다. 여전히 일부 조직에서는 여성에게 순응적인 태도를 기대하는 분위기가 남아 있다. 이런 환경일수록 '탐색하는 눈'을 사용하면 단호함과 자신감을 드러내며, 약한 이미지를 상쇄하는 데 도움이 된다. 특히 보수적인 관리자들과의 관계에서 이 기술은 의외의 설득력을 발휘한다.

사회적으로 활용하는 방법

새로운 사람을 만날 때는 첫 번째 표정을 짧게, 잠깐 보여주는 정도로 사용하는 것이 좋다. 다정하게 첫인사를 나누기 전에 '탐색하는 눈'을 보여주면 더 신실하고 진정성 있는 사람이라는 인상을 줄 수 있다. 이후에는 그 사람과 대화할 때 다정하게 눈을 맞추는 것이 중요하다.

로맨스에 활용하는 방법

내 경험에서 보듯, '탐색하는 눈'은 상대에게 집중하고 있다는 신호로, 매력적으로 작용할 수 있다. 다만 연인 사이에서는 이 표정을 너무 오래 유지하지 않도록 주의해야 한다. 오해받을 수 있기 때문이다. 짧게 사용한 뒤 부드러운 미소로 금방 이어가는 것이 효과적이다.

특히 상대가 감정 표현에 민감하거나 거절에 대한 불안이 있는 경우, 따뜻한 표정을 곧바로 보여주는 것이 서로에게 편안함을 준다. 물론 상대방에게 당신의 '탐색하는 눈'을 진심이 담긴 승인으로 느껴지게 하려면, 자신감 있는 모습을 미리 갖춰야 한다.

결국 '탐색하는 눈'은 상대방에게 신호를 보내는 동시에, 나 스스로에게도 "나는 지금 여기에 집중하고 있다"는 자기 확신을 심어주는 행위다. 마음 없이 흘려보낸 시선이 아니라, 진심이 담긴 응시. 사람들은 그 차이를 정확히 느낀다.

표정 하나로 사람의 마음을 당길 수 있다면, 그것만큼 정중하고 품격 있는 커뮤니케이션은 없다. 잘 쓰인 눈빛은 침묵보다 더 깊고, 말보다 더 진하게 상대에게 남는다.

원하는 사람을 만나는
가장 쉬운 방법

 이 디테일은 효과가 확실하지만, 놀라울 정도로 많은 사람이 놓치고 있다. 사람들로 가득한 방에 들어설 때 누구나 이 방법을 본능적으로 떠올릴 법도 한데, 실제로 이걸 제대로 활용하는 사람은 거의 없다. 나는 수년 동안 수많은 그룹을 대상으로 강연을 해왔다. 그런데 그중에서 이 방법을 의식적으로 사용하는 사람을 본 적은 손에 꼽을 정도다. 특히 혼자 세미나에 참석한 참가자들의 행동을 보면 더욱 그렇다.

예를 들어, 가장 먼저 도착한 사람이 세미나실의 오른쪽 뒤편에 앉는다. 그러면 다음 사람은 최대한 멀리 떨어진 왼쪽 앞쪽에 앉는다. 그다음 사람은 또다시 왼쪽 뒤편으로. 이런 식으로 각자 서로 멀찍이 떨어진 채 자리를 채워 나간다. 자리를 고르는 기준이 '편안함'이기 때문이다.

싱글 남녀를 대상으로 한 세미나의 휴식 시간에, 참석자들은 눈앞에 앉은 사람을 힐끗거리며 슬쩍 바라보기만 할 뿐, 대부분은 끝내 말을 걸지 못한다. 어색함과 거리감 때문이다. 그런데 만약 그들 중 한 사람이라도 용기를 내어 처음부터 '그 옆자리'에 앉았다면? 어쩌면 그 순간 작은 불꽃이 튀었을지도 모른다.

이건 연애에만 해당하는 얘기가 아니다. 기업 교육 프로그램이나 업계 포럼에서도 마찬가지다. 대부분의 직원들은 회사 내 영향력 있는 사람이나, 동종 업계의 중요한 인물 옆에 앉는 것이 유리하다는 걸 알고 있다. 하지만 실제로 그 옆자리를 선점하기 위해 10분 일찍 도착하는 사람은 거의 없다. 대부분은 자신의 편안함을 우선시하며, '우연히 옆자리가 나길' 바란다. 그러나 중요한 인연은 '우연히' 찾아오지 않는다. 그래서 이 디테일은 단순하지만 강력하다. 누군가와 연결되기를 바란다면, 자리 선택부터 전략적으로 움직여야 한다.

큰 행사나 사회적 모임, 회사의 중요한 회의에 참석할 때는 가장 먼저 도착하라. 그리고 방 한쪽에 서서 사람들이 들어오는 모습을 유심히 관찰하라. 목표로 삼은 사람이 등장하는 순간, 마치 '의자 뺏기 게임'에서 음악이 멈춘 것처럼 재빠르게 그 옆자리를 차지하라. 그것이 호감과 관계의 첫걸음이 될 것이다.

자리 선택이 가져오는
심리적 우위

    비행기를 탈 때, 어디에 앉을지를 두고 한참을 고민해본 적이 있을 것이다. 창가 자리, 통로 자리, 앞쪽, 뒤쪽…… 짧은 비행이라면 큰 차이가 없을지 모른다. 하지만 협상 테이블이나 비즈니스 현장에서는 자리가 정말 중요하다. '어느 자리에 앉느냐'가 단순한 편안함을 넘어서, 당신의 위치와 영향력을 말해주기 때문이다.

    첫 번째 규칙은 명확하다. 계속 참여하게 될 자리라면, 처음부터 전략적으로 앉아야 한다. 괜히 중간에 자리를 옮기면 불필요한 마찰을 부를 수 있다. 조직 생활에서도, 사교적인 자리에서도 마찬가지다.

지난 5월, 나는 한 콘택트렌즈 회사에서 '변화'를 주제로 하루 종일 세미나를 진행했다. 대규모 행사에서 흔히 그렇듯, 참가자들은 자유롭게 원하는 자리에 앉았다.

오전 세션이 끝나갈 무렵, 나는 참가자 중 절반인 A그룹을 따로 불러 조용히 말했다. "다른 분들께는 말씀하지 마시고, 점심 식사 후 10분 일찍 돌아오세요. 그리고 오전에 앉았던 자리 말고 다른 곳에 앉아주세요."

예상은 적중했다. 오후가 되자, 세미나실은 큰 혼란에 휩싸였다. B그룹이 여유롭게 돌아와 자리를 찾는 순간, 작고 조심스러운 항의들이 터져 나왔다. "어, 죄송한데 여긴 제 자리인데요." "어디 다른 데 앉으시면 안 될까요?" 이어서 불쾌한 기색이 담긴 말들이 쏟아졌다. "왜 남의 자리에 앉아 있는 거예요?" "이 자리는 아침부터 제가 앉았던 자리입니다."

목소리는 점점 커졌고, 사람들은 문 앞에 멈춰 섰다. 누군가는 자리가 빼앗겼다고 느꼈다. 그 순간 감정은 예상보다 훨씬 격렬해졌다. 그리고 마침내 몇몇 참가자들이 웃음을 터뜨렸다. 그제야 이게 '변화에 대한 저항'을 보여주는 작은 실험이라는 걸 눈치챈 것이다. 분위기는 금세 풀렸고, 모두 크게 웃으며 상황을 받아들였다.

하지만 진짜 흥미로운 장면은 그 이후였다. 잠깐의 소동 이후 잊을 법도 한데, 자리를 바꿨던 사람들 대부분이 다시 원래 자리로 돌아가 앉았다. 변화의 중요성을 이야기한 그날, 사람들은 결국 다시 익숙한 선택으로 돌아갔다. 자리는 생각보다 훨씬 깊은 심리적 관성을 가지고 있는 것이다.

이 이야기를 하는 이유는 앞으로 다룰 '자리 배치의 힘 *Power seating*'이라는 개념 때문이다. 우리가 앉는 자리는 그 자체로 권력 구조를 반영하고, 또 만들어낸다. 특히 조직 내에서 이미 익숙한 공간이라면, 함부로 자리를 바꾸려 하지 마라. 사람들은 처음 앉은 자리를 마치 자기 이름이 새겨진 의자처럼 인식하니까.

중요한 인물의 오른쪽에 자리를 잡아라

대부분의 모임에는 자연스럽게 중심이 되는 사람이 있다. 팀장, 상사, 업계의 주요 인물, 혹은 사회적 권위를 가진 '빅캣' 말이다. 그런 인물은 어느새 가장 좋은 자리를 차지하게 된다. 만약 당신이 조직 내 위상을 조금이라도 높이고 싶다면, 가장 먼저 도착해 그 사람이 어디에 앉을지를 조심스럽게 예측해보자.

단, 절대 그 사람이 앉을 자리에 앉아선 안 된다. 자칫하면 불필요한 오해와 긴장을 유발할 수 있다. **대신, 그의 오른쪽 자리를 선택하라. 대부분의 리더는 무의식적으로 오른쪽에 앉아 있는 사람을 본능적으로 더 신뢰할 수 있는 조언자, 즉 '오른팔'로 인식한다.** '리더의 오른쪽' 자리는 매우 중요하기 때문에 영리한 협상가들은 회의실에 일찍 도착해서 상대편 리더가 어디에 앉을지 먼저 파악한다. 그런 다음 자신의 팀원 중 한 명을 그 오른쪽 자리에 앉혀, 상대방 리더가 신뢰하는 오른팔을 옆에 두지 못하게 한다. 더러운 수작이라고? 협상가들에게는 그저 치밀한 전술일 뿐이다.

또 다른 자리 배치 전략

'눈높이'에 대해서도 고려해보자. 물리적으로 높은 자리에 앉을수록, 말 그대로 위에서 내려다보는 위치가 된다. 회의실에서 모든 의자의 높이가 같다면, 걸터앉을 수 있는 소파나, 책상 가장자리를 이용해보라. 그곳이 당신이 말을 할 때 사람들이 올려다보게 되는 위치라면, 그 자체로 발언의 무게감이 달라진다.

예를 들어, 회의실에서 모든 좌석의 높이가 동일한 상황이라면, 지미가 내게 가르쳐준 기술을 사용해보자. 지미는 내가 만난 최고의 협상가로 능력과 전략 측면에서 뛰어났다. 나는 몇 달 동안 그의 회사와 컨설팅을 진행한 적이 있었다. 어느 날 협상을 마치고 그와 내가 마지막으로 회의실을 떠나려던 순간, 그의 의자에 작은 정사각형 쿠션이 놓여 있는 것을 발견했다. 내가 쿠션을 쳐다보자, 그는 마치 현행범이 된 것처럼 양손을 들어 올리며 말했다. "좋아요, 자백할게요. 내가 왜 의자에 쿠션을 놓았는지 짐작할 수 있을 거예요."

나는 추측했다. "눈높이를 더 높이려고요?"

"맞아요, 레일. 하지만 당신이 알아차리지 못한 게 하나 있어요." 그는 의자를 돌려서 자신의 의자 높이를 최대한 올려둔 것을 보여줬다. 그러고 나서 다른 의자들은 낮게 내려놨다고 속삭였다. "이렇게 하면 상대방의 심리에 불리하게 작용하거든요." 그가 윙크하며 말했다.

나는 그의 작은 전략에 놀라움을 갖추지 못했다. "음, 그래서 회의 때 그렇게 당당해 보였던 거군요."

이번에 소개할 디테일은 반대로, 당신보다 지위가 낮은 사람들에게서 호감과 충성심을 얻는 데 도움이 된다. 나는 이 방법을 한 관리자에게서 배웠는데, 그는 부하 직원들을 대할 때 이 방식을 탁월하게 활용했다. 하지만 꼭 상사가 아니어도, 누구든 활용할 수 있다.

웃음으로 사람을
사로잡는 순간

월터는 내가 만난 관리자 중 화려한 이력이나 배경을 가진 사람은 아니었다. 특별히 말이 많은 것도 아니고, 겉으로 봐선 리더십이 단번에 느껴지는 스타일도 아니었다. 그런데 이상하게 사람들은 그를 편안하게 믿고 따랐다. 그래서 물었다. 대체 비결이 뭐냐고.

그는 웃으며 고개를 끄덕였다. "이미 비결은 말씀드렸는걸요?"

대부분의 관리자는 한 번쯤 이런 고민을 한다. "사람들에게 호감을 사는 게 좋을까, 아니면 존경받는 것이 좋을까?" 하지만 월터는 그런 고민을 해본 적이 없다고 말한다. 그는 두 가지를 모두 가진 사람이기 때문이다. 그의 부서에는 투덜대는 소리도, 험담도, 뒷담화도 없다. 그렇다면 월터의 비결은 무엇일까? 어떻게 하길래 그의 부서는 그토록 원활하게 운영되는 것일까?

부드럽고 유쾌한 리더의 힘

그 이유를 알아보기 위해 나는 월터에게 월례 회의에 참관하게 해달라고 부탁했다.

오전 8시 55분, 회의실에 들어서자, 모두가 주말에 무엇을 했는지 서로 이야기하며 수다를 떨고 있었다. 하지만 정작 월터는 보이지 않았다.

오전 9시 10분, 월터가 들어오자 직원들이 모두 일어나서 일제히 박수를 치는 게 아닌가. 월터가 크게 웃음을 터뜨리며 꾸짖듯 농담을 던졌다. "이봐! 누군가는 나한테 전화해서 '빨리 들어오세요, 게으름뱅이!'라고 했어야 하는 거 아니야?" 회의실 안은 웃음바다가 됐고, 그중에서도 월터가 가장 크게 웃었다. 그의 웃음은 진심이었다. 아니, 어쩌면 전략이었을지도 모른다. 어떤 감정을 느낄지는 자신이 스스로 선택할 수 있다는 걸 월터는 잘 알고 있었다. 그는 늘 즐거움을 선택했고, 그 선택이 곧 회의의 분위기를 결정지었다. 월터는 감정은 기다리는 것이 아니라, 만들어가는 것이라는 걸 아는 사람이었다.

"자," 월터는 탁자 위의 음료수병을 망치처럼 계속 두드리며 말했다. "이제 회의를 시작하지. 첫 번째 안건이 뭔가?" 직원인 스티브가 말했다. "모르겠는데요." 이번에도 월터는 활짝 웃으며 박수쳤다. 스티브는 과장된 몸짓으로 깊이 허리를 숙이며 인사했다. 다들 따라 웃었다. "자, 진지하게 할게요." 스티브가 말했다.

이제 좀 알 것 같은가? 이 부서 사람들은 자신이 유능하고, 서로에게 인정받고 있으며, 상사에게도 존중받고 있다고 느끼고 있었다. 월터는 직원들의 별 볼 일 없는 농담조차 진심으로 반기는 사람이었고, 그의 웃음은 그 어떤 동기부여보다도 강력한 에너지를 만들고 있었다.

"월터가 가진 비장의 무기는 무엇인가?"라는 질문에 이제는 답할 수 있을 것이다. 맞다. 비장의 무기는 모두가 듣기 좋아하는 그의 크고 유쾌한 웃음이었다.

그렇다고 모든 사람이 업무에서 웃음을 활용해야 한다는 말은 아니다. 웃음은 직장 분위기를 더 즐겁게 만들어 줄 때도 있지만, 시도 때도 없이 나오면 그 사람은 만만한 존재로 전락할 수 있다. 또한 너무 많이 웃으면 빈둥거리는 사람으로 보일 수 있다. 또, 상사의 농담에 과하게 웃음을 터뜨리면 다른 사람들의 눈에는 아부하는 사람처럼 보일 수도 있다.

이번 디테일의 핵심은 다음과 같다. 지위가 높은 사람이 따뜻한 웃음을 지으면 직원들은 편안해지고 능력에 대한 자신감을 키울 수 있다. 이는 좋은 성과를 내기 위해 누구에게나 필요한 자질이다. 월터는 이것을 본능적으로 알고 있으며 그 능력을 아주 정교하게 사용했다.

리더의 웃음은 단지 분위기를 부드럽게 만들기 위한 장치가 아니다. 오히려 필요할 땐 팀의 흐트러진 긴장을 다잡고, 기강을 세우는 데도 강력한 통제 수단이 될 수 있다. 계속 읽어보자.

웃음이 전략이 되려면

혹시 월터가 너그러운 상사로만 보인다면, 아직 한 가지를 더 말해야 한다. 사실 월터에게는 또 다른 아주 강력한 무기가 있었다. 다행히도 그가 직원에게 거의 사용할 필요는 없는 것이다. 그 무기는 유머를 자제하는 것, 그리고 표정을 단호하게 바꾸는 것이었다. 이것만으로도 직원들은 상사가 실망했다는 사실을 알 수 있다. 만약 월터가 아닌 평소에 무표정한 상사가 정색했다면, 직원들은 급격하게 방어적인 태도를 보였을 것이다. 그렇게 되면 불만, 불평, 험담, 뒷담화를 비롯해 사기를 떨어뜨리는 온갖 요소들이 발생할 수 있다.

월터는 평소에 결코 목소리를 높이거나 짜증을 내는 법이 없었다. 그러니 냉랭한 표정을 짓는 것만으로도 충분히 직원들을 다시 정상 궤도로 돌려놓을 수 있었다. 그리고 이 과정에서 그들은 월터의 정색을 질책으로 받아들이는 것이 아니다. 월터의 신뢰를 저버렸다는 미안함이 먼저였다. 그것이 월터의 리더십이 지닌 진짜 힘이었다.

나는 월터가 다른 관리자들이나 상사들과 회의하는 모

습도 지켜보았다. 그들과 대화할 때 월터는 다소 진지한 태도를 보였고 거의 웃지 않았다. 그가 팀원들과 함께 있을 때 행동하는 모습을 보면서 나는 깨달았다. 그가 크게 웃는 것은 의도적인 선택이며, 그에게는 매우 효과적인 관리 도구라는 사실을 말이다.

웃음이 조직 혁신이나 팀워크 프로그램처럼 트렌디한 '기법'으로 소개되지는 않는다. **하지만 대화에 웃음을 적재적소에 활용할 줄 아는 사람은, 팀의 분위기와 성과 모두를 높일 수 있다.** 월터의 이야기는 단지 한 관리자가 웃음으로 자연스럽게 대화의 역량을 끌어올린 사례지만, 그 안에 우리가 참고할 만한 지점은 분명히 있다.

비록 당신이 회사에서 상사는 아닐 수도 있지만, 삶에서 누군가보다 더 유리한 위치에 서 있을 때가 있다. 경제적으로 어려운 친구나 소심한 동료가 있는가? 아픈 이웃이나 연로한 부모님이 있는가? 당신을 우러러보는 어린 형제자매가 있는가? 그렇다면 그들의 (때로는 별로 재미없어도) 유머에 호탕하게 웃어주는 주는 것만으로도, 그들의 삶을 북돋아주는 놀라운 힘을 발휘할 수 있다.

2부

존재감이
확실해지는 순간,
진짜 대화가 시작된다

: 소통의 정석

말하는 순서만 바꿔도
첫인상이 좋아진다

우리가 누군가를 소개할 때 쓰는 말의 순서와 말투는, 겉보기에 단순해 보여도 상대방의 감정을 깊이 흔들 수 있는 중요한 디테일이다. 그 한마디가 예상치 못하게 상대방의 내면 깊이 묻혀 있던 기억이나 감정, 혹은 마음속에 숨겨둔 상처와 얽혀 의도치 않게 '감정의 지뢰밭'을 건드리는 일이 생기기도 한다.

심지어 같은 문장 안에서도, 단어의 순서만 달라져도 상대가 느끼는 감정은 완전히 달라질 수 있다. 예를 들어, 남편이 아내를 소개할 때는 흔히 이렇게 말한다. "제 아내 윌마입니다." 아내가 남편을 소개할 때도 마찬가지다. "이 사람은 제 남편 해롤드예요."

대부분의 사람은 "그게 뭐가 문제죠?"라고 묻는다. 그렇다면 당신은 그 미묘한 차이를 눈치챌 수 있을까?

단어의 순서가 주는 인상을 실감했던 내 경험을 들려주고 싶다. 예전에 함께 일하던 직장 상사는 늘 이렇게 나를 소개했다. "이쪽은 제 비서, 레일입니다." 심지어 어느 날은 이렇게 말하기도 했다. "이쪽은 제 비서, 어…… 어, 레일입니다." 사실 틀린 말은 아니었다. 나는 그의 비서였으니까. 하지만 기분이 상했던 건, 바로 그 '순서'였다. 내 이름은 덤처럼, 마치 부차적인 정보처럼 마지막에 덧붙여졌다. 그는 나를 단순히 비서 역할을 수행하는, 깃털 없는 두 발 달린 동물로 본 걸까? 한 사람으로 보긴 한 걸까? 그는 단 한 번이라도 자신의 말투 때문에 내가 얼마나 소외감을 느꼈는지 생각해본 적 있을까?

만약 그가 이렇게 말했다면 어땠을까? "이쪽은 레일입니다. 제 비서죠." 똑같은 단어로 이뤄진 문장이지만, 나를 먼저 사람으로, 존재로 인정해주는 느낌이 들었을 것이다. 단지 말의 순서 하나가, 내가 존중받고 있다고 느끼게 만들 수도, 반대로 소외감을 주는 계기가 될 수도 있다는 사실을 그때 처음 알았다.

　우와, 잠깐만요. 레일, 너무 예민한 거 아니에요?

어떤 사람은 이런 생각을 하는 것이 예민하다고 느낄지도 모른다. 하지만 누구든 자신이 관련된 문제에 있어서는 예민해지기 마련이다. 그리고 그 민감함은 '나를 있는 그대로 존중해달라'는 마음의 표현이기도 하다. 물론 그 상사가 일부러 나를 깎아내리려고 그런 소개를 했다고는 생각하지 않는다. 그는 단지, 감정의 흐름을 예측하고 조율하는 감각이 부족했을 뿐이다.

감정 예측은 매우 미묘하고 무의식적으로 작용하며, 뛰어난 섬세함이 요구된다. 하지만 분명, 그만한 가치가 있다. 타인의 감정을 잘 예측하면 그들은 자신뿐만 아니라 당신에게도 긍정적인 감정을 느끼게 된다. 사람들은 자신의 이름이 먼저 나왔는지, 직책이 먼저 나왔는지를 의식하지 못할 수도 있다. 다만 당신과 함께할 때 기분이 더 좋아진다는 것만은 확실히 느낄 것이다.

나는 언젠가 내 상사가 나를 이렇게 소개해주길 바랐다. "이쪽은 레일입니다. 3개월째 함께 일하고 있는 제 비서예요." 그리고 거기에 한 마디만 덧붙였다면 어땠을까. "레일과 함께 일하는 게 참 좋습니다." 그랬다면 나는 전혀 개의치 않았을 것이다. 오히려 그 말 한 마디로 그는 훨씬 더 호감 가는 사람이 됐을 것이다.

직책보다 이름을 먼저 말하라

"제 남자친구 해롤드예요." 대신 "여긴 해롤드예요, 제 남자친구죠"라고 말해보자.

"제 아내 윌마예요." 대신 "윌마예요, 제 아내죠"라고 소개해보자. 무의식적으로 부정적인 감정을 유발하는 대신 들을 때 기분이 좋아지는 표현으로 바꾸라는 것이다.

'제 아내', '제 남편'처럼 짧은 말이 아니라 조금 더 설명이 필요한 경우라면, 이름을 먼저 말한 후 살짝 멈춰보자. 그리고 당신과의 관계를 설명하는 새로운 문장으로 이어가는 것이 좋다. 그 짧은 멈춤 속에, 상대를 존중하는 마음이 자연스럽게 담긴다.

  말은 기술이 아니다. 말은 태도다. 그 사람을 어떻게 대하고 있는지가 말에 묻어난다. 그리고 말의 뉘앙스 하나가 관계의 온도를 결정한다. 셰익스피어는 "누구나 '사랑에 빠진 사람'을 사랑한다"라고 말했다. 하지만 여기에 셰익스피어가 깜빡 잊은 말이 있다. "누구나 '다른 사람을 챙겨줄 수 있는 사람'을 좋아한다." 즉, 타인을 진심으로 좋아하는 태도 자체가 사람들을 끌어당긴다는 뜻이다. 말을 잘하는 건 타고난 재능이나 거창한 어휘력 때문인 줄 알았다. 하지만 알고 보니, 단어 순서 하나만 바꿔도 훨씬 다른 인상을 줄 수 있다는 걸 깨달았다.

처음 본 사람과도
자연스럽게 대화가 되는 질문

말재주가 좋은 사람들은 낯선 이와도 자연스럽게 대화를 이어간다. 편의점 직원이나 택시기사, 엘리베이터 안에서 우연히 마주친 사람과도 부담 없이 말문을 트고, 짧은 시간 안에 친근한 분위기를 만들어낸다. 누구나 이런 능력을 부러워하는데, 실은 간단한 디테일 하나만 익히면 우리도 얼마든지 해낼 수 있다.

* 그런데 낯선 사람들과 대체 무슨 이야기를 해야 하죠?

정신과 의사들의 짜증 나는 한 가지 습관이 있다. 바로 질문에 질문으로 되묻는 것이다. 그래서 나도 정신과 전문의, 라운즈 박사가 된 듯 답해본다면, 내 대답은 이렇다.

"모든 사람이 100퍼센트 좋아하는 주제는 무엇일까?"

맞다. 바로 자기 자신이다. 아마 이렇게 다시 묻고 싶을 것이다. "하지만 그 사람을 전혀 모르는데, '안녕하세요. 자기소개 좀 해주세요'라고는 못 하지 않나요?" 이 역시 맞는 말이다.

그러나 낯선 사람이 내게 말을 걸어 내가 스스로 나의 이야기를 모두 털어놓게 된 경험을 들려주겠다. 그날 나는 기분이 몹시 안 좋았지만, 그 낯선 사람은 단 한 시간 만에 호감을 나눈 친구가 되었다. 그 사람은 바로 셰릴 모스트롬이다. 셰릴에게 배운 호감을 남기는 방법은 '무엇을' 묻느냐가 아니라, '언제를' 묻느냐다.

무뚝뚝한 낯선 사람을 수다쟁이로 바꾸는 방법

몇 년 전 몹시 추웠던 2월의 어느 날, 나는 강연을 하기 위해 뉴욕에서 피닉스로 가는 새벽 비행기를 타야 했다. 새벽 4시, 나는 시끄럽게 울어대는 알람 시계를 침실 창문

밖으로 던져버리고 싶은 충동이 들었지만, 혹시라도 지나가는 사람이 맞을까 봐 겨우 참았다.

공항에서는 아침을 먹을 시간이 없었고, 제대로 된 기내식도 기대하기 어렵다. 게다가 내 옆자리에는 울부짖는 아기와 아기의 엄마가 앉아 있어서 잠을 잘 수도 없었다. 승무원이 형편없이 작은 땅콩 한 봉지를 나눠주는 것을 보며, 나는 아기 기저귀 가방에서 살구 퓌레 한 병을 슬쩍 할지 고민하기도 했다.

미드웨이 공항에서 환승할 때는 약 800미터 떨어진 환승 게이트까지 전력 질주해야 했다. 가까스로 시간에 맞춰 도착했지만, 비행기 날개 제빙 작업으로 한 시간 동안 꼼짝없이 앉아 있었다. 이륙할 때는 비행기가 어찌나 심하게 흔들리던지, 승무원은 땅콩 대신 구토 봉지를 나눠주었다.

흔히 그렇듯, 이번에도 처음 만나는 행사 진행자가 공항으로 마중을 나왔다. 행사 진행자들은 대개 의례적으로 "비행은 어떠셨나요?"라고 묻고 나서, 곧바로 계획한 강연 프로그램의 세세한 부분까지 꼬치꼬치 캐묻는다.

그런데 이번에는 달랐다. 셰릴이 마중을 나왔는데, 우리는 그때까지 전화로만 연락을 주고받던 사이였다. 그녀는 먼저 "오늘 아침 정말 일찍 일어나셨겠어요. 알람은 몇 시에 맞춰두셨나요?"라고 물었다. 이어서 공항에서 식사할 시간이 있었는지, 기내식이 나왔는지를 물었다. 차로 걸어가는 동안에도 "시카고에서 환승할 때 게이트가 가까웠나요?" "난기류가 심하진 않았나요?" "비행기에서 좀 주무셨어요?"라며 계속 질문했다.

마치 내가 새벽에 비틀거리며 샤워하러 욕실에 들어간 순간부터 줄곧 지켜보기라도 한 것 같았다. 혹시 공항 복도를 미친 듯이 질주하는 모습을 본 걸까? 보안 검색대에서 신발을 벗으라는 보안요원에게 순간 신발을 던지고 싶은 충동을 느꼈던 것도 아는 걸까?

나는 셰릴의 섬세한 질문에 깜짝 놀랐다. 그녀가 알고 있는 사실은 딱 세 가지뿐이었기 때문이다. 첫째, 나는 일찍 출발하는 비행기를 탔다. 둘째, 눈이 내리는 시카고에서 환승해야 했다. 셋째, 비행기가 한 시간 지연됐다. 이 몇 가지 단서를 바탕으로 셰릴은 내가 겪었을 상황을 예상하고, 내가 그 일을 털어놓고 싶어 할 것으로 생각했다. **그녀는 최고의 감정 예측 능력을 발휘했고, 덕분에 나는 그녀에게 호감을 갖고 단번에 교감을 할 수 있었다.**

만약 셰릴이 호텔로 가는 동안 그런 적절한 질문을 하지 않았다면, 나는 여전히 끔찍했던 비행을 곱씹으며 속으로 투덜대고 있었을 것이다. 하지만 그녀의 질문 덕분에 호텔에 도착했을 때쯤에는, 우리 둘 다 '지옥 같은 비행'에 대해 웃으며 이야기할 수 있었다.

셰릴과 더 친해진 후, 내가 도착하기도 전에 미리 내 상황을 파악한 그녀의 통찰력을 칭찬했다. 그러자 그녀가 이렇게 말했다. "선생님도 제게 사전 프로그램 설문지를 보내주셨잖아요. 그거와 같은 거예요." 사전 프로그램 설문지는 강연자가 고객에게 보내는 질문 목록으로, 강연하기 전에 고객 회사에 대한 이해를 높여준다. 설문지에 있는 중요한 질문 중 하나는 "강연에 참석하기 전까지 여러분들의 하루는 어땠나요?"이다.

'훌륭한' 대화를 끌어내는 확실한 기술

상대방이 최근 몇 시간 동안 겪은 일에 대해 질문해보자. 그러면 자연스럽게 대화가 시작되고, 한 주제가 다른 주제로 이어지면서 대화가 끊이지 않을 것이다.

이번 디테일은 부정할 수 없는 자연현상에 기반을 두고 있다. 바로 '가까이 있는 것은 멀리 있는 것보다 더 크게 보인다'는 것이다. 이 원리는 사물뿐만 아니라 경험에도 적용된다. 예를 들어, 평소라면 알람 시계나 환승 게이트의 거리에 관한 이야기는 단순한 잡담처럼 느껴지겠지만, 당시에는 전혀 그렇지 않았다. 그때의 불편함은 여전히 내게 큰 문제였고, 그런 이야기를 털어놓는 것 자체가 즐거웠다.

사람들은 공통점이 많아야 대화가 잘될 거라고 흔히 오해한다. 대화할 때 공통점을 찾기보다 상대에 대한 약간의 호기심을 가지면 질문은 자연스럽게 나온다. 오히려 나와 상대방이 각자 겪은 최근 경험이 다르면 대화는 더 수월해질 수 있다.

누구든지 흥미로운 대화의 물꼬를 트는 기술을 갖고 있

다. 처음 만난 상대방에 대해 아는 것이 거의 없을지라도, 아주 조금만 노력하면 그 사람의 하루에 대해 사소한 사실들을 알아낼 수 있다. 예컨대 누군가에게 어디에 사는지 묻는 것처럼 간단한 질문일 수 있다. 만약 상대가 먼 곳에 살고 있다면, 장거리 운전과 약속 장소까지 오는 길에 대해 물어보라. "오는 데 차가 많이 막혔나요?" "지하철을 타고 오시나요, 아니면 버스로 오셨나요?"

너무 사소한 질문으로 들릴 수도 있지만, 상대에게는 전혀 '사소한' 이야기가 아니다. 왜 그럴까? 방금 겪은 경험이 여전히 머릿속에 생생하게 남아 있기 때문이다. 시간상으로 가까운 경험일수록 실제보다 더 크게 느껴지는 법이다.

중요한 건, 최근 몇 시간에 대한 이야기로부터 처음 본 사람이 가진 정보의 씨앗을 수집해야 한다. 그 씨앗을 잘 심고 가꾼다면, 놀랄 정도로 빠르게 활기찬 대화가 꽃피는 순간을 경험할 수 있다.

친구들과의 대화에도 효과적이다

오늘은 수요일이다. 당신의 친구는 오늘 몇 시에 일어

났는지, 직장에서 어떤 어려움을 겪었는지, 점심은 어디에서 누구와 무엇을 먹었는지, 그리고 그 밖에도 하루 동안 있었던 많은 사소한 일들을 기억하고 있다.

당신이나 다른 친구들에게는 별거 아닌 이야기처럼 들릴 수 있지만, 친구에게는 수요일 하루를 채운 중요한 순간들이다. 그러므로 그날 저녁, 친구는 이런 소소한 이야기를 나누고 싶어 할 것이다. 목요일이 되면 수요일에 있었던 세세한 일들은 이미 의미가 없다. 그때 가서 물어보면 억지스럽거나 뜬금없는 질문처럼 들릴 수 있다.

좋은 대화를 하려면, 그 사소한 일들이 아직 생생할 때 물어봐야 한다! 하지만 이번 디테일은 단순히 대화를 시작하는 데서 그치는 것이 아니다. 친한 친구들끼리는 자연스럽게 일상의 사소한 일들을 공유한다. 그보다는 새로 알게 된 사람과 이런 소소한 이야기를 나누다 보면, 이미 가까운 사이가 된 듯한 느낌을 줄 수 있다.

뉴욕의 치솟는 부동산 가격 때문에 나는 소위 '남사친'인 필 페리와 룸메이트가 되었다(나는 그를 '플라토닉한 남자 룸메이트'라고 부르지만, 그는 우리를 '혜택은커녕 그냥 친구*friends without* *benefit*'라고 표현한다. 결국 같은 의미다).

그와 가까워지는 데도 앞에서 서술한 방식이 결정적이었다. 필은 일요일 아침마다 뉴욕 시내를 느긋하게 산책하는 것을 좋아한다. 그가 산책에서 돌아왔을 때, 나는 생각할 수 있는 사소한 일들을 수십 가지씩 물었다. "필, 날씨는 어땠어?" "거리에 사람들이 많았어, 아니면 한산했어?" "문을 연 가게가 많았어?" "아침은 먹었어? 어디서?" "뭐 먹었는데?"

그는 내 질문을 이상하게 생각하지 않았다. 그는 방금 다녀온 산책 이야기를 즐겁게 풀어놓았다. 너무 좋아해서 대화 주제를 바꾸는 게 어려울 정도였다.

대화의 최소 조건,
나만의 입장 정리하기

 이웃집에 사는 한 여성은 종종 12살짜리 딸, 켈리를 내게 맡기고, 우리는 알 수 없는 '엄마의 업무상 외출'을 해야 한다며 집에서 탈출하듯 나간다.

 켈리는 사랑스러운 아이지만 또래 친구들 앞에서는 항상 입을 꾹 다물고 있다. 어느 날 오후, 켈리는 여자아이들만 모이는 생일 파티에 참석해야 한다며 투덜거렸다.

 "왜 가기 싫어, 켈리?" 내가 물었다.

 "몰라요. 그냥…… 할 말이 없어요."

"그럼, 다른 아이들은 무슨 얘기를 할 것 같아?"

"잘 모르겠어요."

"학교에서 있었던 일 중에서 이야기할 만한 일은 없었어? 잘 생각해 봐, 켈리."

"음, 학교에서 체육 수업을 지금처럼 남녀 따로 하지 않고 같이할 거라고 했어요."

"너는 그거에 대해 어떻게 생각해?"

"별로 좋은 생각은 아닌 것 같아요."

"왜 그렇게 생각하는데?

"음, 남자애들이 우리보다 운동을 더 잘하잖아요. 같이 운동하게 되면 불공평할 것 같아요."

"또 다른 이유는 없니?" 내가 물었다.

"그게…… 정말 좋아하는 남자애가 하나 있는데요. 촌스러운 체육복 입은 모습을 보여주고 싶지 않아요. 제 다리가 너무 말랐거든요."

드디어! 나는 켈리가 그 상황에 대한 자신의 의견을 말하도록 끌어냈다.

그다음 주에 켈리에게 생일 파티가 어땠는지 물어보자,

켈리는 즐거웠다고 했다. 이어서 10분 동안 '바보 같은 체육 수업'에 대해 친구들과 나눈 멋진 토론을 들려줬다.

나는 미소를 지으며 내심 뿌듯해했다. 켈리가 자기 생각을 분명히 표현하도록 미리 연습시킨 건 나였으니까.

입장이 있어야 대화가 되고
생각이 있어야 말이 나온다

많은 사람이 시사나 뉴스를 알고 있으면 대화를 잘할 수 있다고 생각한다. 하지만 대화는 단순한 정보 전달이 아니다. **각 주제에 대해 자기 생각이 있어야만 목소리를 낼 수 있고, 흥미로운 사람으로 기억될 수 있다. 좋은 대화란 각자의 세계관을 나누는 것이며, 다름을 인정하고 존중하는 과정이기도 하다.**

사람들이 말을 잘 못하는 이유를 어휘력이나 순발력에서 찾기도 하지만, 실은 자기 생각이 정리되어 있지 않기 때문이다. 정치인들이 특정 이슈에 대해 말할 때 반드시 입장문을 준비하듯, 우리도 어떤 주제에 대해 나만의 입장을 갖고 있어야 한다. 연예인이나 스포츠 선수가 논란에 휩싸였을 때, 관계자들이 대신 정리한 입장문이 등장하곤 한다. 우리라고 다를 게 있을까?

대화 중 특정 주제가 나왔을 때 즉흥적으로 의견을 생각하려고 하지 마라. 생각이 정리될 때쯤이면 이미 대화는 다른 주제로 넘어가 있을 것이다.

사람들을 만나기 전, 오늘의 주요 뉴스를 몇 개 훑고, 최근 본 영화나 TV 프로그램, 주변에서 자주 이야기되는 인물들에 대해 생각해보자. 배우, 정치인 등 어떤 인물과 사건이든, 거기에 대해 나의 관점은 무엇인지 정리해보는 것이다. 이것이 곧 나만의 입장문이 된다.

자기 입장을 미리 정리해두면 또 하나의 장점이 생긴다. 주제에 집중하면서 자연스럽게 생각이 정리되고, 그에 따라 말하고 싶은 욕구가 생긴다. 이 '말하고 싶다'는 감정이 바로 말재주의 핵심이다.

그 말이 아픈 이유, 어쩌면 내 마음일지도

대화에서 내 입장을 세운다는 건 상대를 변화시키려는 의도가 아니라, 자신의 생각을 명확히 드러내고 이해를 나누기 위한 최소한의 태도다. 그러므로 입장을 내세우는 것을 겁낼 필요는 없다.

오히려 뚜렷한 입장이 없는 사람일수록 대화에서 더 자주 상처받고, 사소한 말에도 예민하게 반응한다. 악의 없이 건넨 한마디에 과도하게 반응한다면, 그 원인은 말 자체보다 듣는 사람의 불안이나 외로움과 같은 내면의 상태에 있을 가능성이 높다. 말투는 마음을 따라가기에, 누군가와의 대화가 자꾸 어긋나기 시작한다면 말보다 마음을 먼저 들여다보아야 한다. 혹여 자주 타인의 말을 오해하고 있다면, 그것은 어쩌면 스스로가 외롭다는 증거일지도 모른다.

말은 벽이 될 수도 있고, 다리가 될 수도 있다. 대화의 목적은 설득이 아니라 이해다. 자기만의 입장이 있는 사람은 생각이 달라도 다름을 인정하고, 대화를 이어간다. 그렇게 말은 갈등의 무기가 아니라 관계를 잇는 연결선이 된다.

데일 vs 레일

오늘날 데일 카네기가 살아 있다면, 나는 데일과 이 다음 디테일의 내용을 두고 펜으로 결투를 벌였을지도 모른다. 카네기의 유명한 조언, 즉 "자신의 강점을 인식하고, 그 위에 자기다움을 세워라"라는 조언은 1930년대와 이후 수십 년 동안은 분명 효과적이었다. **하지만 지금은 시대가 달라졌다. 말이 넘쳐나는 시대다. 사람들은 지나치게 활기차고 자기표현이 강한 사람에게 피로를 느낀다.** 이제 비즈니스든 사적인 자리든, 조심스럽고 절제된 말투로 상대를 배려하며 대화하는 사람이 더 신뢰를 얻는다. 그렇다고 너무 소극적으로 대화를 시작한다면, 당신만의 매력은 전달되기 어렵다. 이 딜레마를 어떻게 풀 수 있을까? 답은 명확하다. 데일의 조언을 조금 '레일 버전'으로 업그레이드 하는 것이다.

은근히 내 자랑거리로
이야기 끌고 가는 비법

 새로운 사람들이 많이 모이는 자리에 간다고 상상해보자. 당신은 이를 닦고, 데오드란트를 뿌리고, 구두를 닦고, 거울을 들여다보며 스스로를 점검한다. 거울 속 모습은 제법 괜찮다. 그런데 처음 만나는 사람들이 당신을 보고도 같은 생각을 해줄까?

 어떻게 하면 그들에게 좋은 인상을 남길 수 있을까? 당신이 이룬 성취나 자질, 겸손함을 굳이 말하지 않으면 알 길이 없고, 직접 말하면 잘난 척하는 사람처럼 보일 것이다. 대화 초반에 슬쩍 똑똑한 말을 끼워 넣는 것도 마찬가지다. 오히려 반감을 살 수 있다. 이것이야말로 진짜 딜레마다. 그래서 카네기의 인간관계 법칙이 오늘날에는 조금 위험할 수도 있다. 그렇다면 놀라운 자질을 갖추고 탁월한 성취를 거둔 당신은 어떻게 해야 할까?

생전 처음 듣는 유명인의 강연을 들어본 적이 있는가? 사회자는 강연자가 등장하기 전, 그의 업적과 경력을 하나하나 나열하며 청중의 기대감을 끌어올린다. 강연자가 무대에 오르기 전부터 이미 그는 '존경받는 사람'으로 설정되어 있는 것이다. 이 구조는 낯선 자리에서도 통한다. 즉, 누군가 나를 먼저 소개해준다면 훨씬 자연스럽게 호감을 얻을 수 있다.

자연스럽게 장점을 섞어 소개하기

나는 이 디테일을 시카고의 한 상공회의소 모임에서 목격했다. 간단한 발표가 끝난 뒤, 사람들은 간식을 기다리며 자연스럽게 음식 이야기를 시작했다. 그때 지인인 포스터가 말했다. "레일, 제 친구를 소개할게요. 셰프인데 정말 좋은 사람이에요. 지역사회 활동도 활발히 하고, 작년엔 유방암 퇴치 마라톤에도 참여했어요."

그 순간 나는 '와, 멋지다'는 생각이 들었다. 마라톤에 참여한 요리사라니, 왠지 꼭 만나보고 싶어졌다. 그런데 만약 그가 자기 입으로 이런 말을 했다면 어땠을까? 분명 달랐을 것이다. 같은 내용이라도 누군가의 입을 통해 전해질 때, 그것은 '자랑'이 아닌 '인정'이 된다.

이처럼 칭찬은 제3자의 입을 통해 전달될 때 가장 효과적이다. 직접 말하면 어색하거나 오해받기 쉬운 이야기라도, 누군가 대신 해주면 그 순간 청중은 마음을 열게 된다.

조금 뒤, 그 셰프 로베르토는 친구들과 대화를 나누고 있었다. 흥미롭게도 이번엔 그가 포스터에 대해 이야기했다. "저기 포스터라는 친구 아세요? 2주 뒤 마이애미 슈퍼볼에 가는데, 그것도 50야드 라인 좌석이래요."

사람들이 감탄하자 누군가는 농담처럼 말했다. "그 자리는 신만 앉을 수 있다던데?" 그러자 로베르토가 답했다. "판매 실적이 상위 10위 안에 들어서 받은 거래요. 휴렛팩커드에서요."

둘은 분명 사전에 준비된 전략을 쓰고 있었다. 포스터는 로베르토를, 로베르토는 포스터를 서로 자연스럽게 띄워주는 방식이었다. 이후 포스터가 식사 이야기를 꺼냈는데, 그것은 셰프인 로베르토가 가장 편하게 대화를 이어갈 수 있는 주제였다. 게다가 근처에 별 네 개짜리 레스토랑의 사장이 서 있었다. 단순한 우연일까? 그 대화는 자연스럽게 인맥으로까지 연결될 수 있는 상황이었다.

그들의 작은 디테일이 자연스럽게 호감을 만든 것을 넘어서, **다른 이점을 눈치챘는가? 바로, 서로 소개하면서 무수히 많은 대화 주제를 만들어낸다는 점이다.** 레스토랑, 셰프, 지역사회 활동, 유방암 마라톤, 판매 실적 수상, 미식축구까지. 그러니 최고의 레스토랑 사장이 새로운 셰프를 구한다면 로베르토에게 유리한 건 당연한 일 아닐까?

받는 것보다 더 많이 줘라

나는 '주는 만큼 돌려받는다'라는 철학을 별로 좋아하지 않는다. 하지만 받는 것보다 더 많이 주면, 결국에는 그 보상이 돌아온다는 사실을 점점 더 깨닫고 있다. 설령 그렇지 않더라도, 적어도 베푸는 즐거움은 남는다. 그런 의미에서 이번 디테일을 함께 나누고 싶다.

　잠시 멈추고 친구들을 한 번만 생각해보자. 그들은 어떤 멋진 일들을 하고 있는가? 밴드 활동을 하고 있는가, 아니면 불우한 아이들을 돕는 자원봉사를 하는가? 최근에 회사의 최고전략 책임자로 승진했는가, 아니면 요리 대결에서 우승했는가? 다음에 친구를 소개할 자리가 생기면, 이런 사실들을 언급하라.

　그리고 만약, 속마음을 나누고 함께 계획을 세울 수 있는 가까운 친구가 있다면, 이 부분을 꼭 기억하자. 왜 이런 좋은 기회를 단순한 '우연'에 맡겨야 할까? 그 친구와 '대화 협정'을 맺는 것이다. 서로에 대해 좋은 점을 미리 이야기해주기로 하고, 함께 있는 자리에서는 상대방이 가장 좋아하는 주제를 자연스럽게 꺼내주는 약속을 해보자.

영향력 있는 사람을 사로잡는 인사법

어느 날, 누군가 "이분은 ○○○ 부장님입니다"라며 당신을 소개해준다. 대부분은 "안녕하세요"나 "반갑습니다" 정도로 짧게 인사를 건넨다. 틀린 건 아니다. 과하게 격식을 차리는 인사는 오히려 거만하거나 어색하게 느껴질 수도 있다. 하지만 조금만 다르게 인사하는 것만으로도 더 진중하고 호감 가는 첫인상을 줄 수 있다(또, 어디서든 잘난 척하는 사람들에게도 깊은 인상을 남길 수 있다).

세련된 첫 인사말, 어렵지 않다

요즘은 "만나서 반갑습니다"조차 생략하고, "안녕하세요" 한 마디로 첫인사를 끝내는 경우가 많다. 하지만 중요한 자리에서는 그 한 마디가 너무 가볍게 들릴 수 있다.

이럴 땐 상대의 이름을 넣어 자연스럽게 문장을 완성해보자. 예를 들어 "○○○님, 만나 뵙게 돼서 반갑습니다"처럼 이름을 직접 호명하는 것이다. 이런 말투가 조금 고상하거나 딱딱하게 느껴질 수도 있지만, 듣는 입장에서는 분명 당신을 더 오래, 더 호감 있게 기억할 것이다.

또 하나, 흔히 주고받는 "요즘 잘 지내시죠?" 같은 형식적인 인사를 받게 될 때는 "네, 잘 지내고 있습니다. ○○○님은요?" 정도로 가볍게 답하면 된다. 진짜 힘든 일이 있었다고 해도, 처음부터 속마음을 꺼낼 필요는 없다. 사회생활에서는 '예의 있는 거리 유지'가 오히려 더 따뜻하게 느껴질 때도 많다.

더 품격 있게 행동하는 법

매일 아침 회사 복도나 엘리베이터, 혹은 헬스장 라커

룸 같은 곳에서 타인을 마주치면 "안녕하세요" 하고 지나치는 게 일상이다. 그런데 어느 날, '오늘은 좀 더 또렷하고 성숙해 보이고 싶다'는 생각이 든다면 이렇게 해보자.

방법은 아주 간단하다. 더 똑똑하고, 전문적이며, 품격 있어 보이고 싶다면 <u>그저 인사말을 또박또박 정확하게 발음하면 된다. "안녕하세요", "좋은 아침입니다"라고 하면 끝이다. 참 쉽지 않은가?</u>

모든 일이 이렇게 간단하기만 하다면 얼마나 좋을까! 다음 디테일은 이번 디테일처럼 간단하진 않지만, 당신을 능수능란하게 대화의 소재를 컨트롤하는 빅캣으로 만들어줄 중요한 방법이다.

인사는 '사람됨'을 평가하는 시작점

인사는 인간관계의 시작이자 사회적 상호작용의 기본 형태이다. 우리가 살아가는 사회에는 다양한 세대와 성별, 계급이 뒤섞여 있다. 서로를 평가하는 기준과 방식은 제각기 다르지만, 공통적으로 가장 먼저 확인하는 것은 인사다. 호감을 남기는 일은 결코 어렵지 않다. 밝은 얼굴로 건네는 인사 한마디면 충분하다. 실제로 인사를 주고받는 행위만으로도 뇌에서는 도파민과 같은 긍정적인 감정을 유발하는 신경전달물질이 분비된다고 한다. 이는 인사가 '나는 당신을 공격하지 않는다'는 신호가 되기 때문이다.

물론 누구에게나 먼저 인사하는 일은 쉽지 않다. 특히 낯선 사람에게는 더 번거롭고 어색하게 느껴진다. 그러나 그 번거로움을 자연스럽게 넘어서는 사람이 좋은 첫인상을 남긴다. 그리고 그 순간부터 이미 '그 사람에 대한 평가'가 시작된다.

어색하지 않게
대화 주제를 바꾸는 기술

누군가 당신이 잘 모르는 이야기, 별로 관심 없는 주제, 혹은 지루하기 짝이 없는 이야기를 이어갈 때가 있다. 그렇다고 대화 중간에 갑자기 "근데요!" 하며 다른 이야기를 꺼내면 너무 어색하고, 예의도 없어 보인다. 그렇다면 어떻게 해야 자연스럽게 대화의 흐름을 바꿀 수 있을까?

먼저 대화의 기본 구조를 떠올려보자. 대부분의 대화는 바로 전에 누군가가 한 말에 반응하며 이어진다. 누가 무슨 말을 하면, 그 말에 연결되는 새로운 말이 뒤따르고, 다시 또 거기에서 다음 이야기로 넘어가는 식이다. 이 '연결' 덕분에 대화가 자연스럽게 유지된다.

첫째, 당신은 방금 누군가가 한 말과 분명히 관련된 이야기를 한다.
둘째, 그다음 누군가가 당신이 한 말의 핵심과 연결된 말을 한다.
셋째, 이렇게 서로 이어가며 대화가 계속된다.

이 패턴은 대화의 인원이 두 명이든 스무 명이든 마찬가지다. 이런 방식으로 대화의 주제가 자연스럽게 다른 주제로 넘어간다. 하지만 이런 방식은 대화 흐름을 느리게 만들 수 있다. 그렇다면 지금 이야기하는 주제에서 곧바로 벗어나고 싶다면 어떻게 해야 할까?

센스 있게 하고 싶은 말을 하는 작은 비법

새로운 주제에 대해 논의하고 싶다면, 바로 직전에 다른 사람이 했던 말(생각이나 문구, 심지어 한 단어라도)을 집어내

라. 그렇게 집어낸 말을 반복하거나 살짝 바꿔 말하고, 이를 당신이 말하고 싶은 내용과 연결하면 된다. 그들의 생각을 언급하고 막연하게라도 당신의 생각과 연결한다면, 듣는 사람들은 그 흐름을 자연스럽게 받아들일 것이다.

최근에 본 영화를 이야기하고 싶은가? 아니면 새로 시작한 승마 수업을 이야기하고 싶은가? 또는 멋지게 리모델링하고 있는 집을 이야기하고 싶을 수도 있다. 하지만 아쉽게도 다른 사람들이 지루하기 짝이 없는 주제인 날씨 이야기만 하고 있다면?

어떤 여성이 지난 토요일 내린 폭우에 대해 피곤한 듯 불평을 늘어놓고 있다고 치자. 또 다른 여성이 "정말 끔찍해요. 주말마다 비가 오다니요"라고 덧붙인다. 이제 당신의 도전 과제는 (지겨운) 비 이야기에서 당신이 좋아하는 영화로 주제를 전환하는 것이다. 방법은 다음과 같다.

첫 번째 문장에서 비를 언급하고, 다음 문장에서는 말하고 싶은 주제와 비를 연결한다. 예를 들어 "비 오는 주말에는 보통 영화를 보러 가요. 사실 지난주에 영화를 봤는데, 제목이……"라고 말한다. 당신이 먼저 비를 언급하고 이후 비와 관련된 말을 했기 때문에, 이 전환은 사람들에게 자연스럽게 들린다.

또 이번엔 승마 이야기를 하고 싶다면 "다음 주 토요일에는 비가 안 왔으면 좋겠어요. 두 번째 승마 수업이 있거든요……"라고 말하라.

이렇게 주제를 바꾸는 것은 정치인들이 오랫동안 사용한 비법이다. TV에 나오는 정치 토크쇼를 잘 들어보라. 대중의 시선을 딴 데로 돌리고, 불편한 질문에서 벗어나려 새로운 이야기를 끄집어내는 그들의 재치를 관찰해보자. 좀 밉상처럼 보이더라도, 이런 사람들에게서 배울 점은 분명히 있다.

물론 아무리 지루하더라도 주제를 바꾸지 말아야 할 때도 있다.

감정 예측으로
대화의 흐름을 파악하는 사람

내가 컨설팅했던 한 회사는 새로운 재고관리 시스템을 도입하고, 전 직원을 대상으로 교육을 실시했다. 하지만 몇 달이 지나도 직원들은 새로운 시스템을 제대로 이해하지 못하고 있었다. 그렇지만 한 사람만은 예외였다. 바로 조용하고 친절한, 기계 전문가 귄터였다.

회의 중, 귄터가 새로운 시스템에 추가적인 도움이 필요한 사람들을 직접 가르쳐주겠다고 친절하게 제안했다는 사실이 발표됐다. CEO인 산토스가 칭찬을 이어가는 동안 나는 권터를 힐끗 쳐다보았다. 그는 쑥스러운 듯 무릎을 내려다보고 있었지만, 상사의 칭찬을 내심 뿌듯해하고 있었다.

대표는 계속 말을 이었다. "다들 권터에게 고마워하고 있을 겁니다. 컴퓨터에 문제가 생길 때마다 권터는 자신이 하던 일을 멈추고……"

하지만 그가 말을 마치기도 전에 한 직원이 끼어들었다. "글쎄요, 새로운 컴퓨터가 배치된 자리 중에는 실제로 불편한 곳도 있던데요. 예를 들면……"

데빈이라는 직원이 끼어들어 지루하게 말을 이어가자, 그 순간 권터에 대한 칭찬은 잊히고 말았다. 물론 권터는 그 순간을 잊지 못하겠지만.

권터는 상사의 칭찬을 분명히 만끽하고 있었다. 하지만 눈치 없는 데빈이 끼어드는 바람에 칭찬이 중단된 것이다. 만약 데빈에게 조금이라도 감정 예측 능력이 있었다면, 권터가 마땅히 받아야 할 인정의 순간을 그렇게 빼앗지는 않았을 것이다.

사실, 그날 가장 손해를 본 사람은 권터가 아니었다. 몇

주 후에 데빈의 컴퓨터가 고장 난다면, 과연 권터가 얼마나 빨리 그를 도와주러 달려가겠는가?

이럴 때는 절대 입을 열지 말 것

주제를 바꾸면 안 되는 때는 칭찬을 받을 때뿐만이 아니다. **이 원칙은 더 다양한 상황에 적용될 수 있으며, 우리는 언제나 주변 사람들에게 감정 예측 능력을 발휘해야 한다. 현재 진행 중인 대화의 내용이 누군가에게 각별한 기쁨이 되는 일이라면, 반드시 입을 다물라.**

예를 들어 당신과 사라, 그리고 다른 사람들이 거실에 둘러앉아 있다고 하자. 사람들은 사라의 아이들, 사라의 휴가, 사라가 좋아하는 주제에 대해 이야기하고 있다. 그 대화가 아무리 지루하더라도 절대 주제를 바꾸지 마라. 사라가 현재 대화를 즐기도록 내버려두라. 그 대화가 끝날 때까지 또는 누군가가 주제를 바꿀 때까지 기다려라.

주제가 갑자기 바뀌었을 때 사라가 느낄 수 있는 불쾌감과, 그 불쾌감이 주제를 바꾼 사람에게 향할 가능성을 예상해보라.

솔직함과 무례함의 차이

무례한 사람들은 종종 '사실을 말했을 뿐인데'라는 변명 뒤에 숨는다. 그리고 그걸 '솔직함'이라고 착각한다. 하지만 솔직함과 무례함 사이에는 분명한 차이가 있다. 솔직함은 상대를 이해하고자 하는 의도에서 나오는 진심이고, 무례함은 배려 없이 던진 말로 상대의 감정을 해치는 방식이다.

회의에서 데빈이 끼어들어 말한 것도 사실은 틀린 말이 아니었다. 컴퓨터 배치가 불편하다는 건 분명 개선할 필요가 있는 문제였을지도 모른다. 하지만 그 말이 왜, 하필, 그때 나와야 했을까?

혹시라도 자신이 직설적인 성격이라며 타인의 감정을 고려하지 않는 말하기 방식을 해왔다면, 지금이 좋은 전환점이 될 수 있다. **솔직함은 관계를 맑게 하지만, 무례함은 관계를 마르게 한다. 솔직함과 무례함을 구분하는 감각만 길러도 사람들과의 관계는 훨씬 편안해지고, 당신의 말은 훨씬 더 깊은 신뢰를 얻게 될 것이다.**

같은 질문을 반복해서 받을 때, 호감형 답변의 정석

작년에 한 컨벤션에서 강연할 때, 여성 고객이 내게 어디에서 자랐는지 물었다. "워싱턴 D.C.입니다"라고 밝게 대답했고, 우리는 다른 대화로 넘어갔다. 그런데 5분 후, 그녀는 다시 똑같은 질문을 했다. "레일, 어디에서 자랐어요?"

* 아이고! 어떻게 대답해야 하지? 이번에도 워싱턴 *D.C.*라고 도시 이름을 반복하면, 그녀는 자신이 같은 질문을 했다는 사실을 기억하고 난처해할 텐데.

그러나 달리 피할 방법이 없었다. 조용히 "워싱턴 D.C.

입니다"라고 말하자, 그녀는 자신의 실수를 깨닫고 움찔했다. 그녀의 실수인데도, 민망한 기분은 내 몫이었다. 그렇다면 누군가 같은 질문을 반복할 때, 상대의 체면을 지켜주는 방법은 없을까?

타인의 말실수, 때론 민망하지 않게 넘어가주자

답은 우연히 찾아왔다. 나는 덴버에서 뉴욕으로 비행기를 타고 가던 중이었다. 옆자리에 앉은 승객과 대화를 나누다 보니, 그녀도 뉴욕에 살고 있다는 사실을 알게 됐다. 그래서 그녀에게 물었다. "맨해튼 어디에 사세요?"

그녀는 대답했다. "82번가와 파크 애비뉴요." 곧 우리는 다른 주제로 넘어갔다. 그런데 10분 후, 나는 같은 질문을 하고 말았다. 그녀는 아무런 망설임 없이 쾌활하게 대답했다. "메트로폴리탄 미술관 바로 맞은편에요." 그러고 나서 곧바로 내게 그곳에 가본 적이 있는지 물었다. 나는 그곳에 가본 적이 있다고 대답했고, 우리는 JFK 공항에 도착할 때까지 대화를 이어갔다.

몇 주 후, 나는 메트로폴리탄 미술관에서 하는 새로운

전시회를 보고 싶었다. 집을 나서기 직전에 주소를 다시 확인했다. 82번가와 파크 애비뉴였다.

> *음, 내가 최근에 그걸 어디서 들었더라? 아, 맞다! 덴버 비행기에서 내 옆자리 앉았던 사람이 사는 곳이 바로 거기였어.*

모든 것이 분명해졌다. 그녀의 멋진 대처 덕분에 나는 내가 같은 질문을 한 실수조차 인식하지 못했다. 그녀가 같은 대답을 해주지 않았기에 나는 창피함을 피할 수 있었다. 그녀는 내가 실수를 깨닫는 순간, 스스로 바보처럼 느낄 거라고 예상했음이 분명하다.

미술관으로 걸어가면서 나는 또 하나의 디테일을 배웠다. **이번 디테일의 핵심은 상대가 같은 질문을 했을 때 같은 말로 대답하지 않는 것이다. 같은 의미라도 표현만 바꾸면, 민망함은 사라진다.**

예를 들어 누군가 당신에게 "출퇴근 시간이 오래 걸리세요?"라고 묻는다고 해보자. 당신은 환하게 웃으며 "나쁘지 않아요. 20분 정도 걸려요"라고 대답했다. 그런데 몇 분 뒤, 같은 사람이 똑같은 질문을 다시 한다. "출퇴근 시간 얼마나 걸리세요?"

이럴 때 "20분이요"라고 말하는 순간, 상대는 기억을 되짚다 당황하고 말 것이다. 그러니 같은 말은 피하고, 대신 이렇게 말해보자.

"음, 차만 안 막히면 30분 안엔 도착하죠."

같은 의미지만, 표현이 달라졌으니 상대는 눈치채지 못할 것이다.

혹시 그 사람이 또 묻는다면? 한 번 더 기회를 줘보자.

"15분 조금 넘게 걸려요. 마음은 이미 퇴근 중이에요."

세 번째까지는 괜찮다. 네 번째로 또 묻는다면? 그땐 조용히 자리에서 일어나 다른 사람에게 가라. 그 정도면 충분히 성의를 다했다.

3부

말투만으로 오래가는 사이가 있다

: 관계의 기술

첫인상보다
마지막 인상이 중요한 이유

지금 당신은 늘 꿈꿔왔던 회사의 신입 직원 면접을 앞두고 인사팀 대기실에서 긴장된 마음으로 서성이고 있다고 상상해보자. 마침내 기다리던 말이 들려온다. "사무엘스 씨께서 지금 만나시겠다고 하네요."

당신은 목을 가다듬고 머리를 정리하며 긴장한 목소리로 직원에게 "감사합니다"라고 말한다. 마치 추수감사절을 앞둔 칠면조처럼 온몸이 잔뜩 긴장해 있다.

문을 열고 들어서는 순간 사무엘스는 미소를 지으며 일

어나더니, 커다란 책상을 돌아 당신에게 다가와 악수를 청한다. 그녀는 "어서 오세요. 여기 앉으세요"라고 말하며 자리로 돌아가 앉는다. "이력서를 읽어보고, 빨리 만나 뵙고 싶었어요."

와우! 그 말 한 마디에 자신감이 솟구친다. 대화는 순조롭게 흘러가고, 당신은 그녀의 질문에 막힘없이 대답한다. 그녀 역시 당신에게 호감을 느낀 듯하다. 금방이라도 날아갈 듯한 기분이 든다.

그런데 이상하다. 인터뷰가 끝나가자 사무엘스의 미소가 사라진다. 자리에서 일어나지도 않고 서류를 뒤적이며 말한다. "와주셔서 감사합니다. 안녕히 가세요." 눈도 마주치지 않은 채, 기계적인 작별 인사를 한다.

당신은 망연자실해진다. 머릿속은 혼란스럽기만 하다. 도대체 어디서부터 잘못된 걸까? 처음에는 그렇게 다정하더니, 나중에는 마치 아무 의미 없는 사람처럼 대하다니.

운전하며 집으로 돌아오는 내내, 스스로가 마치 고장 난 인간처럼 느껴진다. 그날 밤, 도마뱀이 다친 꼬리 부분을 서서히 재생하듯이, 당신의 생존 본능이 상처받은 자아를 치유하기 시작한다. 그리고 다음 날 아침, 당신을 깊이 베어버린 그 사람에 대한 혐오감이 서서히 스며든다.

물론 사무엘스가 일부러 당신을 무시하려 했던 것은 아니다. 그녀는 아마 바빴을 것이고, 중요한 결정을 내려야 했을지도 모른다. 이유야 수없이 많겠지만, 확실한 것은 그날 그녀는 빅캣이 아니었다는 점이다.

우리가 말하는 빅캣이란, 감정을 예측하고 조율할 줄 아는 사람이다. 자기 자신, 주변 환경, 현재 상황, 그리고 타인의 감정을 인식하며 네 가지를 균형 있게 고려하는 사람. 그런 사람이라면 첫인상뿐 아니라 마지막 인상까지도 섬세하게 신경 쓴다.

왜냐하면, 첫인상만큼이나 마지막 인상 역시 사람의 마음에 오래도록 남기 때문이다. 첫 만남의 따뜻한 미소가 상대방에게 좋은 기억을 남기듯, 작별할 때도 같은 열정과 배려를 보여야 진정한 좋은 인상을 남길 수 있다.

하지만 사무엘스는 중요한 '마지막 인상'을 완전히 망쳐 놓았다. 그래서 당신이 느낀 실망과 혼란이 더욱 깊어질 수밖에 없다. 다음은 사무엘스가 놓친 네 가지 감정이다.

- 자기 자신: 그녀는 면접관으로서 당신에게 어떤 의미를 가지는 사람인지 자각하지 못했다. 당신은 그녀가 자신의 인생에 큰 영향을 줄 수 있다고 여겼지만, 정작 그녀는 그 사실을 인식하지 못했다.
- 주변 환경: 커다란 책상 하나를 사이에 둔 면접 공간은 충분히 위압적으로 느껴질 수 있다. 감정에 민감한 사람이었다면 좌석을 조정하거나, 분위기를 더 편하게 만들었을 것이다.
- 현재 상황: 그녀는 단순히 '한 번의 면접'을 진행 중일 뿐이었겠지만, 그 면접은 상대에게는 인생을 바꿀 기회였다. 그 무게를 함께 느끼지 못했다.
- 타인의 감정: 당신이 보낸 감정 신호, 긴장감, 자부심, 마지막 실망까지도 그녀는 전혀 감지하지 못했다.

사무엘스에게 감정 예측 능력이 조금이라도 있었다면, 작별 인사를 할 때 최소한 당신만큼의 열정은 보였을 것이다. **빅캣은 비록 상대방이 면접에서 탈락할지라도 스스로에 대해 좋은 기분을 느끼게 만드는 사람이다.**

왜 사람들은 첫인상에 집착하면서 마지막 인상은 소홀히 할까?

'폰 레스토프 효과 Von Restorff Effect'를 들어본 적 있는가? 독일의 심리학자 헤트비히 폰 레스토프는 어떠한 목록이든 간에 사람들은 마지막 항목을 가장 오래 기억한다는 사실을 밝혀냈다. 즉, '마지막 인상'은 '첫인상'만큼이나 강렬하다. 변호사들은 이 효과를 이용해 마지막 변론에서 가장 강력한 주장을 펼치고, 동기부여 연설가들은 밤마다 청중의 기립박수를 받기 위한 완벽한 피날레를 고민한다.

우리도 심리학의 조언을 받아들여야 한다. 누군가를 만날 때뿐 아니라 마지막에 헤어질 때도 열정을 다해라. 돈독한 관계나 성공적인 결과를 원한다면, "안녕히 가세요"가 "안녕하세요"만큼, 때로는 그 이상으로 중요하다는 사실을 명심해야 한다.

호감으로 마무리하는 한 끗

내 친구 필 페리와의 전화 통화가 마지막 인상을 호감으로 남겨야 한다는 교훈을 주는 좋은 예다. 그는 항상

"안녕, 레일! 목소리 들으니 반갑다. 잘 지내지?"라며 따뜻하고 활기찬 인사로 시작한다.

하지만 통화가 끝날 때면, 그의 에너지는 급격히 식는다. "잘 있어"라는 짧은 말로 대화를 마치고 전화를 툭 끊는다. 마치 '꺼져!'라고 말하는 듯한 느낌이다.

사무엘스처럼 그도 일부러 그런 게 아니다. 다만 끝인사의 중요성을 몰랐을 뿐이다. 무심한 작별 인사는 상대방에게 실망감을 준다.

반대로 즐거웠던 감정을 말로 표현하는 건 언제나 옳다. 직접 만나든, 전화든, 이메일이든 간에 작별 인사를 더 따뜻하고 활기차게 할 수 있는 문장을 미리 준비해두자. 그리고 상대방의 이름을 꼭 불러주자. 몇 가지 예를 들어보겠다. 누군가를 만나서 이야기를 나누다가 작별 인사를 할 때, 이렇게 해보자.

만남 후 작별 인사

"오늘 얘기 재밌었어요, 마리솔. 다음에 또 봬요!"

"지안, 조슈아 덕분에 만나서 반가웠어요!"

길거리나 파티에서 우연히 만났을 때

"어, 르네! 여기서 다 보네요. 잘 지내시죠?"

"브렌든! 이런 데서 마주칠 줄이야. 반가워요!"

친구와의 모임이 끝날 때

"타니아, 오늘 이야기 진짜 웃겼어. 다음에 또 보자!"

전화 끊을 때

"가브리엘라, 애기하니까 기분 풀렸어요. 연락 자주 해요!"

오래가고 싶은 좋은 관계일수록, 이 '끝인사의 법칙'이 중요하다. 마지막 순간의 태도는 그날의 모든 감정을 결정짓고, 관계의 결을 바꿀 만큼 중요하다.

상대의 실수를
나의 호감으로 바꾸는 대화법

나는 지금까지 나를 구해준 모든 사람을 끌어안아주고 싶다. 무려 그런 순간이 수백 번은 된다. 가장 최근의 '구원'은 몇 달 전 기차 안에서 일어났다.

기차에서 나는 조용히 잠을 자려 했지만, 하필이면 뒤쪽에서 한 아이가 게임을 하며 요란하게 떠드는 소리가 들렸다. 아이의 엄마에게 "게임기를 좀 꺼달라"고 바로 말하기는 부담스러워서, 먼저 그 아이와 친해진 다음 정중하게 부탁하기로 마음먹었다.

뒤를 돌아보니, 어깨까지 내려오는 갈색 머리를 한 아이가 게임에 푹 빠져 있었다.

"안녕, 무슨 게임 하고 있어?" 내가 물었다.

"툼 레이더." 아이는 고개도 들지 않고 거의 들리지 않을 정도로 작게 중얼거렸다.

나는 괴물이 무덤을 파헤치는 모습을 상상했다. "오, 재밌겠다." 물론 가까워지기 위해 예의상 한 말이었다. "학교에 다니는 여자애들은 모두 이런 게임을 하니?"

아이는 마치 내가 외계인이라도 되는 것처럼 쓱 쳐다보다가 엄마를 한번 슬쩍 보고, 다시 게임에 몰입했다. 나는 아이 엄마에게 물었다. "딸아이 이름이 뭐예요?"

내 질문을 무시한 채 아이 엄마는 미소를 지으며 대답했다. "네, 거의 모든 아이가 플레이스테이션을 갖고 있어요. 다들 게임에 중독된 것 같아요." 그리고 미안하다는 듯 덧붙였다. "소리가 좀 컸죠? 잠시 꺼둘게요."

임무 완수! 나는 미소를 지으며 달콤한 잠에 빠져들었다.

잠시 뒤 잠에서 깨어나 화장실에 가려고 일어섰다. 화장실에 막 들어가려는데 '로버트'라고 쓰인 야구 모자를 쓴 남자아이가 나왔다. "실례합니다." 분명 남자아이 같은 목소리로 말했다.

잠깐 멍해졌다. '설마? 아니겠지.'

그리고 자리에 돌아오는데, 내가 방금 전까지 딸이라고 착각했던 그 아이가 내 바로 뒷자리에 다시 앉았다. 바로 그 '로버트' 모자를 쓴 갈색 머리의 아이였다. 헉, 여자인 줄 알았던 아이가 사실은 남자였다! 갑자기 얼굴이 확 달아올랐다.

그 아이가 나를 힐끔 쳐다보며 "툼 레이더 2는 더 재밌어요"라고 툭 내뱉고 다시 게임을 시작했다. 나는 아무 일도 없었다는 듯 조용히 자리로 돌아와 앉았다. 속으로만 외쳤다. '으악! 완전 창피해!'

그녀의 감정 예측이 나를 구했다

돌이켜보면, 로버트의 엄마는 정말 대단한 감정 예측 능력을 갖추고 있었다. 내가 "여자애들은 다 이런 게임을 해?"라고 묻고, "딸아이 이름이 뭐예요?"라고 잘못 짚었을 때, 그녀는 정정하거나 바로잡지 않았다. 대신, 게임 얘기로 자연스럽게 화제를 바꾸며 내 실수를 덮어준 것이다.

그녀는 내가 얼마나 민망해할지를 단번에 읽었고, 굳이 사실을 밝혀 나를 더 당황하게 만들지 않았다. 나는 진심으로 고마운 마음에 그녀를 안아주고 싶었다.

우리는 모두 실수하며 살아간다. 단어를 잘못 말하거나, 이름을 잘못 부르거나, 관계를 오해하거나, 상황을 착각하거나. 그럴 때, 실수한 사람은 한순간에 얼굴이 굳는다. "그냥 사라지고 싶다"는 생각이 표정에 그대로 드러나 버린다. 이럴 때 필요한 건, 그 민망함을 덮어줄 수 있는 '순간의 센스'다.

점잖지 못한 비유지만, 대화 중에 실수로 방귀를 뀌었다고 상상해보자. 그 1초의 정적이 한 시간처럼 길게 느껴질 것이다. 그런데 그 순간, 누군가가 재치 있게 다른 이야기로 화제를 돌려준다면? 그 사람은 절대 잊히지 않는다.

거절당하지 않는
영리한 제안

나는 지금 타고 다니는 차를 구매한 이후에도 영업사원과 계속 연락을 이어오고 있다. 어느 날 그의 대리점에 인사차 들렀는데, 그는 내게 '영업 업계의 모든 사람이 사용하는' 흥미로운 전략에 대해 말해줬다.

그는 자동차 소개를 마친 후에 절대로 "이 차를 사시겠어요?"라고 묻지 않는다고 한다. 대신 고객의 손에 펜을 쥐여준다(계약서에 쉽게 서명할 수 있도록, 엄지와 검지 사이에 자연스럽게 펜촉이 아래를 향하도록 놓고). 태연하게 이런 식으로 묻는다. "블루 컬러로 하시겠어요? 아니면 그린으로 하시겠어요?" 마치 선택은 당연한 것이고, 고객은 단지 그중 하나를 고르기만 하면 된다는 듯이. 그는 이렇게 말하며 웃었다. "그렇게 말하면 훨씬 더 많은 판매가 성사돼요."

이 전략은 비즈니스 미팅이나 사적인 만남을 제안할 때도 똑같이 유용하다. 누군가에게 "수요일 점심 식사 괜찮으세요?"라고 물으면, 상대방은 이렇게 말하기 쉽다. "미안하지만 수요일은 바빠서요." 하지만 쾌활하게 "앞으로 2주 안에 점심 식사 가능하신 날이 언제쯤 되시나요?"라고 물으면, 상대방은 빠져나가기 쉽지 않다. 거절하려면 꽤 머리를 써야 할 것이다.

더 좋은 방법은 이렇게 말하는 것이다. "언제 한번 점심을 함께하고 싶은데요, 가능하신 날짜를 몇 개 알려주세요." 이것이 바로 자신 있게 제안하는 방식이다. 이 말 속에는 '당연히 당신도 저와 점심을 하고 싶을 것이라 믿습니다. 저는 단지 날짜 선택권만 드리는 거예요'라는 뉘앙스가 담겨 있다.

반면 "토요일 저녁 어때요?"처럼 막연하고 평범한 제안은 상대에게 "그날은 좀 힘들 것 같아요"라는 회피성 답변을 이끌어낼 가능성이 높다. 이럴 땐 이렇게 말해보자. "요즘 새로 생긴 레스토랑이 있는데, 꼭 가보고 싶더라고요. 언제쯤 시간 괜찮으세요?" 구체적인 이유와 맥락이 더해지면, 상대는 '거절'보다 '조율'을 택하게 된다. 또한 직접적으로 거절하지 않더라도 상대의 반응에서 자연스럽게 의사를 파악할 수 있고, 관계도 덜 어색해진다.

상대를 배려한 구체적인 제안은 관계의 긴장감을 줄이고, 거절의 부담도 낮춘다. 더불어 굳이 '싫다'는 말을 하지 않아도 서로의 의사를 자연스럽게 읽을 수 있다. 결국 감정을 존중하며 주도적으로 대화를 이끄는 사람이 좋은 인상을 남긴다.

이제 입장을 바꿔보자. 너무 많은 초대를 받게 돼서 곤란할 때는 어떻게 해야 할까?

거절할 때도 상대방의 자존감을
지키는 대화법

비즈니스 행사, 바비큐 파티, 맥주 파티 또는 단둘이 만나는 자리 등에 초대됐다고 치자. 그런데 참석하느니 차라리 벌레를 잡아먹는 게 나을 정도로 가고 싶지 않다면, 어떻게 해야 할까? 초대를 거절하면서도 상대의 기분을 상하게 하고 싶으려면 다음 빅캣의 디테일을 사용하라.

상대방이 처음에 물어볼 때 변명을 장황하게 늘어놓거나 바로 거절하지 마라. 우선 상대의 감정을 먼저 예측하라. 제안을 듣자마자 거절하면 어떻게 될까? 상대방은 당신이 참석하지 못한다는 사실을 아쉬워할 뿐만 아니라, 자칫 자신을 개인적으로 거절했다고 생각할 수도 있다. 즉, 너무나도 빠른 거절은 상대의 자존심에 상처를 주게 된다. 대부분의 대화는 속전속결이 유용하지만, 거절은 그렇지 않다.

바로 써먹을 수 있는 거절의 기술

일단 초대를 즐거운 마음으로 받아들여라! 좀 더 열정적인 반응을 보여라. 파티라면 파티 장소에 가는 방법과 드레스 코드를 물어보라. 단둘이 만나는 자리라면 장소나 시간 등 무엇이든 활기차게 물어보라. 상대가 좋아하는 한 계속 물어보라.

당신이 깨닫든 깨닫지 못했든, 이미 초대자에게 중요한 즐거움을 선사한 셈이다. 상대방은 자신이 인정받고, 만남이 받아들여졌다고 느끼게 된다. 게다가 앞으로의 만남에 대해 기쁘게 이야기할 수 있는 행복감까지 선물한 것이다.

이 시점에서 당신에게는 두 가지 선택지가 있다.

1. "일정표에 바로 적어둬야겠어요"라고 말하고 실제로 일정표를 살펴보라. 그 후 다시 대화로 돌아와서, 이렇게 말하라. "아, 안 돼! 그날은 다른 일정이 있어서 못 갈 것 같아요. 정말 아쉬워요." 물론 상대도 실망하겠지만, 즉시 거절한 상황만큼은 아닐 것이다.
2. 기쁘게 초대를 수락하라. 그런 다음 적절한 시간을 기다렸다가 다시 전화하라. 이번 통화에서는 미처 확인하지 못한 일정이 있어서, 아쉽지만 참석할 수 없게 됐다고 말하라.

거짓말을 한 것 같아서 죄책감을 느낄 필요는 없다! 당신은 거절을 완곡하게 전달했을 뿐 아니라, 상대의 기분까지 배려한 것이다. 상대의 자존감을 존중하면서도, 당신의 입장을 자연스럽게 표현한 셈이다.

그리고 무엇보다, 당신의 시간과 감정은 그 어떤 초대보다 소중하다. 원치 않는 자리에 억지로 참석하며 자신을 희생할 필요는 없다. 배려는 상대만을 위한 것이 아니라, 자신을 위한 것이기도 하다.

누군가가 다시 데이트 신청하게 만들고 싶다면

센스 있는 사람이라면 이 디테일을 연애에도 잘 활용할 수 있다. 마음에 드는 사람이 데이트를 제안했는데, 하필이면 그날 정말 일정이 있다면? 바로 "그날 안 돼요"라고 해버리면, 상대는 자기 자신을 거절하는 것으로 받아들일 수 있다. 남자든 여자든, 누군가를 초대하는 건 용기가 필요한 일이다.

위에서 설명한 것처럼, 일단 기쁘게 초대를 받아들이고, 관심을 보여주자. 상대는 당신이 함께하고 싶어 한다는 느낌을 받게 된다. 그리고 조금 뒤, 일정이 겹친다는 사실을 깨닫게 된 듯이 전하라. 이때 아쉬운 듯 이렇게 덧붙이면 된다. "다른 날은 괜찮을 수도 있어요! 언제 시간 괜찮으세요?"

축하를 반복하면
잊히지 않는다

 매년 달력 속 어떤 날이 되면, 자신도 모르게 멍해진 채 그때의 기쁨을 떠올리게 되는 순간이 있다. 졸업식 날, 첫 출근일, 사랑하는 사람을 만난 날, 금연을 결심한 날, 반려동물을 데려온 날처럼, 누구에게나 마음속에 간직된 '그날'이 있다. 그날을 떠올리면 괜히 입꼬리가 올라가고, 그 기억에 눈빛이 반짝인다.

 내가 특별히 기억하는 '그날'은 나의 첫 책이 출간된 날이다. 출판사에서 10권을 보내주겠다고 약속한 터라, 책이 도착하기로 한 날 나는 우편함 옆에서 초조하게 기다렸다. 마침내 우체부가 오자, 나는 서둘러 상자를 뜯고 가쁜 숨을 쉬며 그에게 목차를 보여줬다. 나는 각 장마다 어떤 내용인지 신나서 설명을 늘어놨다. 그는 '눈이나 비, 어둠도 막을 수 없다'라는 우편 배달 정신을 가진 사람이었지만, 나의 폭풍 자랑만은 정말 막을 수 없었을 것이다. 그 날 이후, 그는 자신의 배달 구역에 관한 책을 쓰고 싶어졌을지도 모른다. 제목은 '괴짜 작가의 집'.

며칠 뒤 여자들끼리의 모임에서도 나는 똑같은 자랑을 했다. "출근길이 침대에서 책상까지야!" 하고 떠들었지만 아무도 웃지 않았다. 그 순간 나는 자랑을 멈추고 평범한 사람으로 돌아가야 했다.

작지만 오래 기억될 센스 있는 축하

그로부터 정확히 365일이 지난 후, 별생각 없이 우편함을 열었는데, 멋진 손 글씨가 적힌 봉투가 눈에 띄었다. 안에는 카드 한 장이 보였다. "첫 출간 1주년을 축하해." 그 순간, 눈시울이 뜨거워졌다. 1년 전, 내 자랑을 꿋꿋이 들어줬던 친구들이 보낸 것이었다. 물론 생일을 축하해주는 것도 좋다. 하지만 예상치 못한 순간에, 잊고 있던 '내 인생의 기념일'을 누군가 기억해주었을 때의 감동은 차원이 다르다. 그건 단순한 카드 한 장이 아니라 "나는 네 인생을 기억하고 있어"라는 메시지다.

만약 작년에 친구의 삶에서 일어났던 특별한 일의 정확한 날짜를 기억하고 있거나 기억을 더듬어 떠올릴 수 있다면, 그것을 적어보아라. 그런 다음 올해 그날이 오면 친구의 개인적인 기념일을 축하하는 카드를 보내라. 만약 기억나는 것이 전혀 없다면, 적어도 내년에는 축하할 수 있도록 미리 준비하라. 친구와 동료의 인생에서 일어난 행복한 이벤트를 떠올려보라. 그들이 당신에게 말했던 내용이라도 괜찮다.

내 친구 비키는 9월의 어느 주말, 야외 온수 욕조에서 남편과 사랑에 빠졌다고 했다. 다음 해 나는 '행복한 온수 욕조의 날'을 기념하며 작은 카드를 보냈다. 그녀는 그걸 평생 기억하겠다고 말했다.

이 작은 디테일이 가진 큰 힘

한때 내게는 까다로운 상사가 있었다. 그는 자주 직장 내 스트레스를 내게 부당하게 전가했지만, 그런 그가 유일하게 애정이 가득했던 존재는 그의 반려 고양이였다. 그는 고양이의 식단, 털 관리, 생일, 그리고 화장실 모래의 브랜드까지 자랑했다. 나는 귀를 막고 싶을 정도였다.

그러다 어느 해부터 나는 사람들의 '작은 기념일'을 기억하기 시작했다. 그래서 상사에게 고양이 생일 축하 카드를 보냈다. 기분 탓일까? 그 후로 그는 내게 조금 더 부드러워졌다. 사무실의 공기도 확실히 좋아졌다.

어쩌면, 기억해주는 마음 하나가 관계를 바꿀 수 있는 것일지도 모른다.

좋은 인상을 남기는
감사의 타이밍

 어릴 적, 선물을 받으면 "고맙습니다"라고 꼭 말해야 했다. 부모님은 그걸 '예의'라고 했지만, 어린 나는 '선물 받으려면 고생해야 하는 룰'쯤으로 이해했다. 그렇게 우리는 누구에게 무언가를 받았을 때 자동으로 "고마워요"라고 말하는 습관을 갖게 됐다.

 그런데 이상하게도, 그냥 "고마워요"라는 말만 남으면 분위기가 어색할 때가 있다. 때로는 단순하게 고맙다는 말만 나누면 오히려 선물이 별로 마음에 들지 않았다는 신호처럼 느껴지기도 한다. 왜 그럴까? 선물을 주는 사람은 어느 정도 감사 인사를 예상하기 때문이다. 그래서 아무리 정중하게 말해도, 고맙다는 말로는 그 이상의 감동은 잘 전달되지 않는다.

진짜 좋은 인상을 남기고 싶다면, 감사의 타이밍을 바꿔보라. 선물을 받은 바로 그 순간뿐만이 아니라, 시간이 지나 그 선물이 나의 일상에 어떻게 자리 잡았는지를 전하는 것이다. 그때 비로소 그 선물은 '추억'이 되고, 감사는 '연결'이 된다.

두 번째 감사 인사가 더 아름답다

친구 살리나에게 오르골을 선물한 적이 있다. 그녀는 곧장 예쁜 편지로 감사 인사를 전했다. 나도 흐뭇했다. 그런데 몇 달 뒤, 그녀에게서 뜻밖의 이메일이 왔다.

"레일, 네가 준 오르골이 우리 가족에게 얼마나 큰 기쁨을 주는지 몰라. 예전엔 내가 '일어나!' 하고 외치면 애들이 이불 속으로 도망쳤거든. 그런데 요즘은 오르골로 깨워달라고 먼저 말해.

매일 아침, 조용히 오르골을 감고 아이들 방에 들어가. 음악이 울리면 애들이 웃으면서 눈을 떠. 아직 아침밥도 먹기 전인데, 그 순간만큼은 우리 모두가 행복해."

나는 그 글을 읽고, 그 오르골이 친구에게 준 기쁨보다 더 큰 감동을 받았다. 그 순간, 마치 '선물의 신'이 내 머리 위에 강림한 기분이었다. 완벽한 선물을 고른 사람만이 느낄 수 있는 뿌듯함, 바로 그거였다.

대부분의 감사 인사는 '무릎 반사'처럼 기계적이다. 받자마자 "고마워요"라고 말하고, 그걸로 끝이다. 하지만 며칠, 몇 주, 혹은 몇 달 뒤에 다시 한번 전하는 감사 인사에는, 그 선물이 실제로 내 삶에서 어떤 의미가 되었는지가 담겨 있다.

감사는 타이밍이다. 의도적으로 전해진 두번째 감사 인사는 결코 가볍지 않다. 그것은 단순한 스킬이 아니라, 마음을 오래 담아두었다는 신호이기 때문이다. 그런 감사는 절대 잊히지 않는다.

왜 비판은 디테일하고, 칭찬은 한 마디로 끝내는가

어릴 적부터 우리는 무언가 잘못하면 아주 구체적인 피드백을 받는다. "왜 숙제를 안 했니?", "몇 번을 말했는데 또 깜빡했니?" 같은 잔소리는 길고 자세하다.

그런데 누군가 잘했을 때 우리는 대개 "수고했어", "잘했어" 딱 두 마디로 끝낸다. 우리는 이상할 정도로 비판에는 장황하고, 칭찬에는 인색하다. 거꾸로 해야 한다. 정작 오래 기억되어야 할 말은 그 반대이기 때문이다. 칭찬일수록 더 구체적이고 섬세해야 한다.

상사가 지나가며 "어제 그 파일 폴더 찾아줘서 고마워요"라고 말하면 물론 기분은 좋다. 하지만 상사가 진심을 담아 이렇게 말한다면 어떨까? "어제 분실된 파일을 직접 찾아줘서 정말 고마웠어요. 캐비닛을 하나하나 확인하느라 힘들고 오래걸렸을 텐데, 결국 찾아냈군요. 책임감이 대단하네요!" 그건 단순한 "고마워요" 이상의 울림이다. 그날 하루 종일 미소가 사라지지 않고, 퇴근길엔 괜히 기분이 좋다. 저녁 식탁에서 자랑도 하고 싶고, 다음에 또 칭찬받고 싶어 열심히 일하게 된다. 당연히.

감동을 남기는 칭찬의 디테일이 있다

친구의 부탁으로, 그녀의 말썽꾸러기 동생을 데리고 만화 영화를 보러 갔다고 상상해보자. 영화가 끝난 뒤엔 버거킹 햄버거도 사주며 정신없는 하루를 겨우 마무리했다. 그렇게 지쳐서 집에 돌아오자, 친구가 이렇게만 말한다.

"나 대신 동생을 영화관에 데려가줘서 고마워."

형식적인 인사에 괜히 허탈한 마음이 든다. 겉으로는 "뭐, 괜찮았어"라고 웃지만, 속으론 다짐한다.

* *다신 그 말썽꾸러기랑은 안 간다.*

반대로 친구가 웃으며 이렇게 말한다면 어떨까?

"진짜 고마워. 너는 재미없었을 텐데 동생은 완전히 신났더라! 버거킹까지 사줬다며? 걔 치즈 와퍼 완전 좋아하거든. 집에 와서도 얼마나 신나서 떠들던지." 그제야 마음속의 피로감이 '뿌듯함'으로 바뀐다.

* *그래, 그 정도는 해줄 수 있지. 정말 좋은 친구니까.*

그리고 다음번에도 그녀가 부탁하면, "물론이지!"라고 자연스럽게 대답할 가능성이 커진다.

우리는 흔히 좋은 대화란 활기차고 유쾌한 것이라고 생각한다. 하지만 오래 남는 말은 종종 조용하고 담백하다. 과하지 않지만 마음을 정확히 건드리는 말, 마치 찻잔이 살짝 부딪히는 소리와 같다. 그게 호감을 남기는 칭찬의 진짜 힘이다.

칭찬은 계획적으로 해도 괜찮다

우리는 누군가를 비판할 땐 이상할 정도로 구체적이다. 잘못한 이유와 문제점을 조목조목 늘어놓는다. 그런데 칭찬은 어떨까? 대부분 "잘했어", "수고했어" 두 마디로 끝나버린다. 그래서 필요한 건 조금 더 의도적인 칭찬이다. 생각보다 어렵지 않다.

칭찬을 조금만 더 길게, 구체적으로 말하라. 상대가 "이제 끝났겠지"라고 생각할 때, 한두 문장을 더 보태라. 첫 번째 방법은 잘 지켜보는 것이다. 결과만 보지 말고 그 사람이 들인 노력을 살펴보자. "프로젝트 끝냈네"라고 말하는 대신, "회의 전에 자료를 미리 챙겨왔더라"라고 말해주는 편이 훨씬 힘이 있다. 세심한 관찰은 칭찬을 특별하게 만든다.

두 번째 방법은 '행동-감정-영향'의 순서로 말하는 것이다. 예를 들어 "오늘 자료를 정리해줘서(행동) 정말 든든했어(감정). 그래서 회의 준비가 훨씬 수월했어!(영향)"라고 말하면, 단순한 인사가 아니라 오래 기억되는 칭찬이 된다. 이렇게 칭찬하면 너무 계산적이라고 느껴질까? 하지만 어쩔 수 없다. 이렇게 공들인 칭찬이 호감을 남길 수 있다.

4부

자리에 맞춰
말도 옷을 갈아입는다

: 상황별 대화 공식

사람들 앞에 설 때
자신감을 복장에 담는다

중요한 회의, 파티, 혹은 자녀의 유치원 첫 등원처럼 긴장되는 순간 자신감을 가지고 싶다면, 두 가지 작은 습관을 꾸준히 연습해보자.

한여름, 대형 로펌에서 '기업 이미지'를 주제로 강연 요청이 들어왔다. 청중은 대부분 법률 사무원과 행정직, 그리고 몇몇 변호사들이었다. 보수적인 분위기라 옷차림에도 신경을 써야 했다. 그래서 나 역시 익숙한 고민에 빠졌다. "입을 옷이 하나도 없어!"

기업 강연에 어울릴 만한 여름 정장을 찾기 위해 여러 매장을 돌았다. 십여 곳을 둘러봐도 마음에 드는 옷은 없었고, 결국 발길은 고가 브랜드 매장으로 향했다. 사실 비싼 옷을 살 생각은 없었다. 그런데 쇼윈도에 걸린 마네킹이 입은 슈트가 눈에 들어왔다. 슈트 가격은 예산을 훌쩍 넘었지만, 실크 크레이프 치마와 재킷이 너무나도 완벽해 보였다. 거울 앞에서 한 바퀴 도는 순간, 나는 이미 결정을 내리고 말았다.

강연 전까지 그 정장은 옷장 깊숙이 소중하게 보관했다. 먼지 하나 닿지 않도록 조심하면서 말이다.

새 옷이 부른 치명적인 실수

강연 당일, 새 옷을 꺼내 입고 립스틱을 다시 바른 뒤 마지막으로 거울을 확인했다.

"좋아. 준비됐어."

처음 10분간 강연은 순조로웠다. 그런데 플립 차트에 내용을 쓰기 위해 몸을 돌린 순간, 어딘가 이상한 분위기가 감지되었다.

숨죽이는 소리. 킥킥대는 웃음. 변호사들이 서로를 쿡쿡 찌르며 웃고 있었다.

진행자가 다급하게 다가와 내게 속삭였다.

"레일, 치마가 스타킹에 말려 들어갔어요."

숨이 턱 막혔다. 손을 뻗었지만 만져진 건 스타킹뿐. 실크 치마는 안으로 말려 들어가 있었다. 나는 방금 수십 명 앞에서 엉덩이를 공개한 셈이었다.

당황을 감추려 농담을 던졌다.

"하하. 제 소개에 '조신함'이 빠졌다는 걸 이제야 눈치채셨나요?"

하지만 그 썰렁한 농담은 전혀 통하지 않았다. 그래서 다시 한번 시도했다.

"'C.Y.A'라는 약어가 오늘 새로운 의미를 갖게 됐네요('Cover Your Ass'는 변호사들 사이에서 '위험에 대비하라'는 의미로 쓰인다)."

다행히 이번엔 분위기가 풀렸다. 웃음이 터졌고, 어색함도 누그러졌다. 하지만 마음속 굴욕감은 쉽게 가시지 않았다. 강연을 원래 흐름으로 되돌리긴 어려웠다. 나는 주제를 바꾸기로 했다.

"흠, 재킷은 여성에게 아주 강력한 무기죠."

그런데 노트를 힐끗 봤다가, 내 겨드랑이 밑에 맺힌 땀에 놀랐다. 실크 원단 위로 퍼져 나가는 땀자국이 마치 물결 같았다.

'아…… 실크는 안 돼.'

속으로 한숨을 내쉬었다. 그리고 그날을 교훈 삼아 새로운 디테일을 만들었다.

새 옷을 입으면 근사해 보이겠지만, '익숙하지 않고' 편안하지 않다면, 자신 있게 움직이기 어려울 것이다. 좋은 인상을 주려면 어떤 옷을 걸치고 있든 편안해야 한다.

옷차림의 힘은 생각보다 더 크다

여성은 물론이고 남성도 옷을 미리 입어보고 점검하는 습관이 필요하다. 옷차림은 인상을 좌우한다. 예를 들어 흘러내린 양말 사이로 다리털이 드러나기만 해도 호감도가 확 떨어질 수 있다.

옷차림의 실수는 누구에게나 일어난다. 바지 밑단이 풀

리거나, 단추가 떨어지거나, 지퍼가 애매한 타이밍에 내려가는 일도 있다. 한 남성은 화장실에서 지퍼가 민감한 부위에 걸리는 사고를 당했고, 그 순간 놀라 소리를 질렀다. 하필이면 그 소리를 데이트 상대가 들었다고 한다. 그 상황을 어떻게 설명했을지는…… 상상에 맡기겠다.

놀랍게도 보수적인 회사일수록 남성의 옷차림에 더 엄격하다는 통계가 있다. 정장 핏이나 구두 광택이 직장 안에서의 입지를 좌우하기도 한다. 이는 절대 과장이 아니다.

그러니 꼭 기억하자. 사람들 앞에 설 땐, 복장부터 점검할 것. 그게 당신의 말보다 먼저 당신을 말해준다.

당신을 기억하게 만드는
비즈니스 미팅

 상공회의소 월례 회의에서 진행자가 일본 비즈니스 협회장인 가쿠토를 소개해준 적이 있다. 우리는 잠시 대화를 나눴고, 그런 자리에서 흔히 하듯이 그는 내게 명함을 건넸다. 나는 명함을 힐끗 쳐다보고 감사 인사를 한 뒤, 가방에 넣었다. 그리고 나도 명함을 건넸다.

 그는 명함을 두 손으로 조심스럽게 받아 들더니, 마치 깨질까 봐 아끼는 도자기처럼 정성껏 대했다.

 * 아, 가쿠토. 그건 그냥 명함일 뿐이에요. 이제 넣으셔도 돼요.

속으로는 그렇게 생각했지만, 솔직히 말하면 꽤 인상 깊었다. 그의 태도는 나를 중요하게 생각한다는 무언의 신호 같았다. 명함을 바라보는 그의 집중이 오히려 내가 말을 꺼내는 걸 어렵게 만드는 정도였다. 결국 내가 먼저 말을 꺼내자, 그는 아쉬운 듯 명함에서 시선을 떼고 나를 바라보았다.

하지만 몇 분 뒤, 나는 다시 놀랐다. 그가 여전히 내 명함을 두 손으로 들고 있는 게 아닌가! 그 모습은 그가 나의 일을 존중하고 지속적으로 호기심을 표시하는 것처럼 느껴졌다. 내 명함을 진지하게 대하는 그에게 왠지 더 깊은 유대감을 느꼈다.

그는 이야기를 나누는 동안에도 한두 번 명함을 다시 쳐다봤다. 덕분에 내가 정말 특별한 사람처럼 느껴졌다!

일본식 명함 문화

일본에서는 명함을 '메이시$_{Meishi}$'라고 부른다. 단순히 연락처가 표시된 종이가 아니라, 상대방과의 관계를 시작하는 의례로 여긴다. 이 예의 바른 문화에서는, 명함을 받을 때 반드시 두 손으로 공손히 받고, 잠깐 정성껏 바라보는 것이 일반적이다.

분명 가쿠토는 자신의 행동을 '커뮤니케이션 기술'이라고 생각하지는 않았다. 그는 단지 상대방의 명함을 정중하게 다루는 전통을 따랐을 뿐이다. 아시아 문화에서는 감정 예측이 다양하고 오래된 관습을 통해 자연스럽게 체득되고 전승되어 왔다. 예를 들어, '체면'을 중시하는 문화도 그 일부다.

나도 이후부터는 일본식 명함 예절을 일부 따라 하기 시작했다. 간단한 변화였지만, 놀랍게도 그 후 만났던 몇몇 사람들에게 더 깊은 호감을 남길 수 있었다.

멋지게 명함을 건네는 방법

상대의 명함을 정중히 받는 것만큼, 내 명함을 건네는 태도도 중요하다. 명함을 아무렇게나 툭 내미는 사람도 있다. 마치 아무 의미 없는 종잇조각이거나, 심지어 누군가에게 밀어 넣는 전단지처럼 말이다.

물론 굳이 일본 스타일처럼 격식을 차릴 필요는 없다.

하지만 최소한 명함을 깨끗하게 보관하고, 꺼낼 때도 조심스러운 태도를 갖추는 것만으로도 충분하다. 멋진 명함 케이스에 넣고 다니며, 자신 있게 꺼내라. 그것은 단순히 종이를 내미는 게 아니라, 당신 자신을 상대에게 건네는 행위다.

명함을 대하는 태도는 결국 나의 일에 대한 존중, 나 자신에 대한 자부심, 그리고 상대방에 대한 예의를 보여주는 작지만 강력한 디테일이다. 그리고 그 디테일이 사람들의 기억에 당신을 오래 남게 만든다.

애정 표현도, 영업도, 타이밍이 전부다

모든 사람은 일종의 민감한 안테나를 가지고 있다. 그래서 상대방이 자신과의 만남에 얼마나 열정적인지 무의식적으로 감지한다. 특히 치열한 비즈니스 환경에서는 상대의 에너지가 나보다 높은지 낮은지, 그 차이를 직감적으로 알아차린다. **결국 핵심은 "누가 누구를 더 만나고 싶어 하는가?"인 셈이다.**

예를 들어 당신이 잠재 고객을 찾아다니는 영업사원이라고 가정해보자. 입이 귀에 걸릴 정도로 크게 미소를 지으며 "시간을 내주셔서 감사합니다, 고객님!"이라고 말한다면, 고객은 어떻게 생각할까?

* *이 사람은 거래를 성사하려고 너무 필사적인데? 이렇게까지 절박하다면 잘 안 팔리는 제품 아닐까? 어쩌면 제품 자체가 별로일지도 몰라. 차라리 사지 않는 편이 좋겠군.*

반면 악수하면서 차분한 목소리로 "시간을 내주셔서 감사합니다, 고객님"이라고 말한다면 어떨까?

* *흠, 자기 제품에 자신감이 상당하군. 이렇게 여유로운 걸 보면 분명히 잘 팔리고 있는 제품이겠는데, 나도 한번 사용해볼까?*

이처럼 비즈니스에서는 열정의 균형이 중요하다. 지나치게 높아도, 너무 낮아도 교감이 어렵다. 상대와 비슷한 에너지 수준을 유지해야 비로소 신뢰가 싹트기 시작한다.

그렇다면 열정을 어떻게 조절할 수 있을까? 먼저 상대가 말을 시작하도록 기다리고, 그에 맞춰 반응하는 것이 좋다. 외향적인 사람이라면 먼저 말을 걸고 싶은 충동을 참는 게 쉽지 않겠지만, 비즈니스 상황에서는 한 걸음 물러서서 분위기를 살피는 것이 더 효과적일 때가 많다.

너무 무심하지도, 너무 부담스럽지도 않은 적당한 거리감

 사람을 만나는 일은, 때로는 게임처럼 느껴진다. 이상적으로는 서로 천천히 알아가고 자연스럽게 웃으며 편안하게 교감할 수 있으면 좋겠지만, 현실은 다르다. 호감을 느끼는 순간, 우리는 긴장하고 복잡한 감정에 휩싸인다. 이때부터 묘한 심리전이 시작된다.

 마음이 가는 사람이 생겼을 때, 다가가는 것은 누구에게나 떨리는 일이다. 예를 들어 매력적인 상대를 봤다고 가정해보자. 용기를 내어 말을 건다. "안녕하세요, 제 이름은……" 그런데 상대의 반응이 무덤덤하거나 시큰둥하다면? 민망함과 불안감이 한꺼번에 몰려온다. 마치 내가 이 자리에 괜히 온 것 같은 기분이 들 수도 있다.

 반대의 경우도 달갑지 않다. 상대가 지나치게 반가워하고 적극적으로 반응하면 또 혼란스러워진다. "이 사람, 왜 이렇게 반가워하지? 뭔가 기대하는 게 있는 건 아닐까?" "너무 쉽게 다가오니 오히려 경계해야 할 것 같아." 이런 심리는 '나를 너무 좋아하는 사람은 오히려 끌리지 않는다'는 심리와도 맞닿아 있다. 배우 그루초 마르크스의 말처럼, "나 같은 사람을 받아주는 클럽엔 들어가고 싶지 않다"는 감정이다.

이렇듯 너무 무심하거나, 반대로 지나치게 들뜬 태도는 둘 다 경계심을 불러일으킬 수 있다. 결국 중요한 건 균형이다. 적당한 거리, 건강한 표현, 그리고 상대의 리듬에 맞추는 감각. 이건 연애뿐 아니라 비즈니스 관계에서도 똑같이 중요하다.

물론 다행인 건, 일상적인 사교의 자리에서는 이런 전략이 필요 없다는 점이다. 새로운 친구를 만날 땐 마음껏 활기차게 다가가도 된다. 굳이 계산하지 않아도 되고, 심리전을 벌이지 않아도 된다. 있는 그대로 소통할 수 있다는 것만으로도 감사할 일이다.

외국인과의 대화,
말보다 먼저 전해지는 것

 한때 나는 샌디 피오렌티노와 잠시 함께 지낸 적이 있다. 그녀는 모델 일을 하기 위해 뉴욕에 왔고, 자신의 아파트를 구하기 전까지 나와 룸메이트로 지냈다. 키가 178센티미터에 자연 백금발 머리를 가진 샌디는 도착하자마자 포드 모델 에이전시의 눈에 띄어 곧바로 계약을 맺었다. 샌디의 첫 화보 촬영지는 이탈리아의 아름다운 리비에라 해변이었다. 샌디는 촬영도 기대됐지만, 과거에 잠깐 배웠던 이탈리아어를 실제로 써볼 기회가 생겼다는 사실에 더욱 들떠 있었다.

며칠 뒤 촬영을 마치고 돌아온 샌디는 들뜬 얼굴로 그곳에서 있었던 경험을 잔뜩 들려주었다. 나도 자연스럽게 물었다. "좋은 사람은 좀 만났어?"

샌디는 수줍게 웃으며 말했다.

"응, 지안카를로라는 남자였어. 정말 멋진 사람이야."

"어떻게 알게 됐는데?"

"해변에서 먼저 말을 걸더라고."

"와, 꽤 인상적이었나 보다!"

샌디는 웃으며 고개를 저었다. "아니, 사실 다른 남자들도 말을 걸었어. 그런데…… 그들이 하는 말은 거의 알아들을 수가 없었어. 근데 이상하게 지안카를로가 말하는 건 다 알아들을 수 있었거든. 덕분에 매일 밤 같이 시간을 보냈지. 뉴욕에 오면 꼭 소개해줄게."

상대의 속도에 맞춰 말하는 멋진 사람

그리고 정말로 지안카를로가 뉴욕에 왔다. 나는 그에게 농담 섞인 말을 건넸다. "샌디가 그러더군요. 당신 덕분에 처음으로 이탈리아어가 귀에 쏙 들어왔다고요." 그러자 지안카를로는 장난스럽게 윙크하며 또렷하고 천천히 말했다. "빠를로… 몰또… 렌따멘떼… 뻬르… 리… 스트라니에리." 나의 이탈리아어 실력은 형편없었지만, 그럼에도 그의 말을 이해할 수 있었다. 그의 말은 이런 뜻이었다. "저는 외국인들을 위해 아주 천천히 말합니다."

지안카를로는 단지 언어를 '사용'하는 사람이 아니라, '소통'의 가치를 아는 사람이었다. 해변에서 많은 남자들이 샌디에게 평소 같은 빠른 속도로 말을 걸었지만, 결국 마음을 얻은 건 상대의 속도에 맞춰준 지안카를로였다.

나도 모르게
선 긋는 화법

　예전에 나는 미시시피주의 한 저소득 지역에서 열린 콘퍼런스에 연사로 초대받은 적이 있다. 그 자리에 나와 함께 무대에 선 열정 넘치는 흑인 여성 강연자 다이애나 파크스가 있었다. 그녀는 강한 에너지와 특유의 화법으로 청중을 완전히 사로잡았다. 그런데 강연 도중 다이애나가 문법적으로 완벽히 틀린 표현을 썼을 때, 나는 순간적으로 놀랐다.

　강연이 끝난 뒤, 나는 조심스럽게 그 이유를 물었다. 그녀는 밝게 웃으며 말했다. "저는 여기서 자랐어요. 이 사람들의 말투와 마음을 다 알아요. 그들에게 제 말이 더 가깝게 느껴져야 하잖아요." 그러자 그녀의 말이 완벽하게 이해됐다. 실제로 내 강연엔 큰 반응이 없었지만, 다이애나는 기립박수를 받았다.

내가 그녀처럼 말해야 했을까? 꼭 그렇지는 않을 것이다. 하지만 분명한 건 나 역시 청중을 고려해 더 쉽게 다가갈 수 있는 표현을 골라야 했다는 점이다. '로마에 가면 로마 사람처럼 말하라'는 말이 떠올랐다. 내가 사용한 몇몇 단어들은 청중에게 낯설고, 어렵게만 들렸을 것이다. 그들의 관점에서 듣는 경험을 상상하지 못한 내 태도가 부끄러웠다.

때로는 어려운 단어보다 따뜻한 표현이 더 큰 힘을 가진다

우리는 종종 어려운 단어나 긴 문장을 멋있다고 느낀다. 하지만 상대가 그 뜻을 이해하지 못한다면, 그 말은 소통이 아니라 '벽'이 된다. 말은 서로를 연결하기 위한 도구이지, 지식을 과시하기 위한 무기가 아니다.

예를 들어 누군가와 의견이 달라 부딪혔을 때, "허울만 그럴듯한 주장으로 궤변을 늘어놓지 마세요"라고 말하면, 상대방은 멍한 표정으로 바라볼 것이다. 어쩌면 한 대 맞거나 싸움만 더 커질 수도 있다. 그러니 대신 이렇게 말해보자. "지금 하는 말은 논리에 맞지도 않고, 사실 확인도 되지 않네요. 다시 한번 검토해보는 게 좋겠어요." 감정에 치우치지 않아 훨씬 더 명확하고, 상황에도 맞는다.

아이들과 이야기할 때도 마찬가지다. "의인화된 캐릭터가 나오는 만화를 좋아하니?" 대신 "사람처럼 말하고 행동하는 동물이 나오는 만화 좋아해?"라고 구체적으로 묻는다면, 훨씬 더 쉽게 통하고, 웃음도 터질 것이다.

미국 학술지 〈심리과학 저널*Journal of Psychonomic Science*〉에 실린 한 연구에 따르면, 상대방보다 더 높은 언어 능력을 가진 사람이 상대의 수준에 맞춰 말을 '맞출 때', 둘 사이의 친밀감이 확실히 높아진다고 한다.

듣는 사람에게
맞춰 말하는 방법

 보통 사람들은 자신에게 맞는 직업을 찾고 안정적인 삶을 꾸리기까지 평균 세 번의 실패를 겪는다고 한다. 그런데 나는 그 평균을 훌쩍 넘겨 열두 번쯤 실패했다. 그중 하나가 여행 작가로 도전했던 시절이다.

 나는 태국에서 산악 트레킹을 하거나, 벨리즈 해변에 누워 여유를 즐기는 모습을 꿈꿨다. 그것도 공짜로 말이다. 수많은 출판사에 지원한 끝에, 마침내 주로 슈퍼마켓에서 판매되는, 한 타블로이드지에서 연락이 왔다. 이름

있는 잡지는 아니었지만, 중요한 건 내 첫 '여행 기사'가 실린다는 사실이었다.

편집자는 계약서와 함께 회사 경비로 다녀올 수 있는 여행지 목록을 보내줬다. 나는 두근거리는 마음으로 봉투를 열었다. 리스트에는 이런 장소들이 적혀 있었다.

- 애틀랜틱시티
- 디즈니랜드
- 나이아가라 폭포
- 그랜드 캐니언
- 옐로스톤 공원

나는 잠시 멍해졌다. 혹시 농담인가? 리비에라 마야, 발리, 파고파고는 어디 갔지? 내가 보아온 잡지 속 '여행지'들은 하나도 보이지 않았다. 나는 곧바로 편집자에게 전화해 '조금 더 특별한' 곳은 없는지 물었다.

그녀는 잠시 웃으며 단호하게 말했다.

"레일, 우리는 독자들이 실제로 갈 수 있는 여행지를 다

뤄야 해요. 많은 사람에게는 이색적인 해외여행은 물론, 가까운 카리브해를 가는 일도 현실적으로 어렵거든요."

그 말을 듣고 나서야, 천둥이 치는 듯한 깨달음이 찾아왔다. 나는 내 감정 예측 능력이 얼마나 부족했는지 실감했다. 생각해보면 나 역시 치과 대기실에서 고급 해외 리조트를 소개하는 잡지를 넘기다가 씁쓸함을 느낀 적이 있었다(물론 그 치과의사라면 쉽게 갈 수 있겠지만 말이다).

그 순간, 나는 조금은 무시했었던 슈퍼마켓 타블로이드지에 대해 오히려 더 큰 존경심을 갖게 됐다. 편집자가 독자의 라이프스타일을 이해했듯, 우리도 대화를 나누는 사람의 삶의 맥락을 이해해야 한다.

지안카를로와 다이애나, 그리고 잡지 편집자에게는 감정 예측 능력이 있었다. 그들은 영어가 서툴거나, 어휘력이 부족하거나, 생활이 여유롭지 못한 사람들이 어떤 기분일지 알고 있었다.

큰 실수를 인정하는
현명한 방법

 어릴 적, 우리는 좋아하는 만화 캐릭터가 있었다. 나는 원더우먼을 가장 좋아했지만, 그 사실을 한동안 비밀로 했다. 당시에는 어린 소녀가 그렇게 강인한 캐릭터를 좋아한다는 게 평범하지 않다고 여겨졌기 때문이다. 원더우먼은 '헤르메스의 속도, 아테나의 지혜, 헤라클레스의 힘, 아프로디테의 아름다움'을 지닌 존재로 그려진다.

 하지만 내가 진짜로 빠져 있던 건, 허벅지까지 올라오는 멋진 빨간 부츠와, 레이저 빔을 튕겨내는 반짝이는 은

팔찌였다. "슉!" "펑!" "팅!" 그녀는 날아오는 총알보다도 빨리 팔을 움직였다. 자신감 넘치고 침착했다. 내가 기억하는 원더우먼은 천하무적이었다. 이번 디테일은 그런 원더우먼처럼, 누군가 날카로운 말을 던져올 때 무너지지 않고 받아내는 법에 관한 이야기다.

원더우먼처럼 품격 있고 멋지게 받아치기

내가 좋아하던 원더우먼의 한 장면을 나는 어느 여성 정치인의 기자회견에서 실제로 목격한 적이 있다. 그녀는 치명적인 질문 공세에도 흔들리지 않고 침착하게 대응하며, 전세를 역전시켰다.

당시 미국은 정치적으로 극심한 혼란 상태였다. 많은 이들이 그 원인을 대통령의 잘못된 판단과 성급한 결정 때문이라며 비난하고 있었다. 기자회견 도중, 한 격앙된 기자가 매서운 질문을 던졌다. "같은 민주당 의원들조차 일부 반대표를 던졌습니다. 그럼에도 의원님은 그것이 올바른 조치라고 확신하고 찬성표를 던졌던 거 아닌가요?"

대부분의 정치인이라면 조심스럽게 "네……"라고 말한

뒤, 곧바로 "하지만……"으로 변명을 덧붙였을 것이다. 그러나 그녀는 달랐다. 마치 원더우먼처럼 정면으로 질문을 받아쳤다. 그녀는 기자를 똑바로 바라보며 미소 지었다.

"아주 좋은 질문을 해주셨네요. 먼저, 그 문제를 언급해주셔서 감사합니다." 뜻밖의 반응에 청중은 놀랐고, 현장에는 짧은 정적이 흘렀다.

이어서 그녀는 당당하게 말했다. "네, 맞습니다. 저는 그것이 올바른 조치라고 확신했고, 그래서 찬성표를 던졌습니다." 청중은 또 한 번 놀랐고, 동시에 감탄했다. 그녀는 잠시 말을 멈춘 뒤, 자신의 논리를 조리 있게 설명해나갔다. 그리고 마지막에 이렇게 덧붙였다. "이렇게 설명할 기회를 주셔서 감사합니다. ○○○ 기자님."이라고 말했다.

그야말로 완벽한 승리였다. 그녀의 전략이 어떻게 진행됐는지 알아차렸는가? 그녀의 전략은 다음과 같았다

1. 기자를 먼저 칭찬했다.
   그의 자존심을 살려주면서 비난하는 태도를 누그러뜨렸다.

2. 공격을 회피하지 않았다.

"그 문제를 먼저 언급해주셔서 감사합니다"라는 말로, 위축되기보다 오히려 질문을 환영하는 자세를 보였다.

3. 비판을 반복하며 그대로 인정했다.

방어적으로 돌려 말하지 않고, 자신의 입장을 명확히 밝히며 신뢰를 얻었다.

4. 잠시 멈추고, 조리 있게 설명했다.

즉흥적인 반응이 아니라, 신중하게 자신의 논리를 설명했다. 감정적으로 보이는 순간, 위기에 빠지게 될 것이 분명했기 때문이다.

5. 품격 있게 마무리했다.

다시 기자에게 감사를 전하며, 대화를 '승부'가 아닌 '의견 나눔'으로 품격 있게 마무리했다.

이 화법의 핵심은 '당황하지 않는 태도'만이 아니다. 공격을 맞받아치는 대신, 힘을 흘려보내며 상대의 긴장을 풀고, 오히려 신뢰를 끌어오는 기술이다.

이런 대응 방식은 기자회견뿐 아니라 일상에서도 쓸 수 있다. 예를 들어 누군가가 당신의 실수를 공개적으로 지적했을 때, 많은 사람이 본능적으로 "그건 오해예요", "그게 다는 아니에요" 같은 변명부터 다급하게 꺼낸다. 그렇지만, 변명 대신 이렇게 말해보면 훨씬 더 효과적이다. "좋은 지적이에요. 사실 그건 저도 놓치고 있던 부분이었어요." 그 한마디로 상대의 공격은 무력화되고, 오히려 "저 사람, 믿을 만하다"는 인상을 줄 수 있다.

잘못을 인정하는 사람은 결코 약해보이지 않는다. 오히려 그것을 어떻게 받아들이고, 어떻게 설명하며, 어떤 태도로 마무리하느냐에 따라 그 사람의 진짜 힘이 드러난다. 비판 앞에서 주저하지 않고, 정면으로 받아내며 품위 있게 책임지는 사람이 진짜 강한 사람이다.

5부

마주 보지 않아도
마음을 얻는 법

: 비대면 소통

당신의 이메일을 보고
미소 짓게 하는 방법

의사이자 생리학자인 이반 페트로비치 파블로프*Ivan Petrovich Pavlov*가 개들을 대상으로 한 유명한 실험에 대하여 들어 보았을 것이다. 종소리에 침을 흘리는 개들 이야기 말이다. 하지만 침을 흘리는 개에 관한 또 다른 실험이 있다는 건 잘 알려져 있지 않다. 누군가 이 실험을 재치 있게 변형한 버전으로, 덜 알려졌지만 훨씬 더 큰 교훈을 준다. 나는 이 이야기가 원래 실험보다 훨씬 기억에 남았다. 아마 당신도 그렇지 않을까. 자, 그 이야기를 들려주겠다.

이 버전에서 실험자는 먼저 개들에게 고급 사료에 식용 허브인 로즈메리를 뿌려서 주었다. 이후에는 밥 없이 로즈메리 냄새만 맡게 했다. 그런데도 개들은 냄새만으로도 계속 침을 흘렸다. 이처럼 특정 자극에 반응하도록 학습된 상태를 '조건화된 상태$_{Being\ conditioned}$'라고 한다.

물론 이메일 수신자가 당신 이름만 보고 '침을 흘리도록 조건화'할 필요는 없지만, 메시지를 보고 질색하게 할 필요는 없지 않을까?

메일 제목 한 줄도 신중하게

몇 년 전, 나는 어린 조카 두 명을 일주일 동안 봐준 적이 있다. 동생 부부가 그토록 기다리던 휴가를 떠났기 때문이다. 그런데 갑자기 출장이 잡혀 하룻밤 집을 비워야 했고, 고맙게도 믿음직한 친구 피오나가 내 집에 와서 조카들을 봐주겠다고 했다.

그런데 다음 날 아침, 강연 직전에 호텔에서 피오나로부터 이메일을 받았다. 메일 제목은 '사고!!!!'였다! 손가락이 어찌나 부들부들 떨리는지 이메일을 여는 것도 힘들었다. "오, 레일, 정말 미안해. 거실에 있던 예쁜 녹색 꽃병이 넘어져서 산산조각이 나버렸어. 어떻게든 붙여보려고 했지만, 예전처럼은 안 될 것 같아……."

피오나에 대한 내 감정도 딱 그랬다. 예전 같지 않을 것 같았다. 물론 꽃병 때문이 아니라 그녀가 준 충격 때문이었다. 그녀는 분명히 내 감정, 즉 내가 제목을 읽고 느낄 공포를 예측하지 못했다.

이제 보낸 사람에서 피오나의 이름이 뜰 때마다 나도 모르게 움찔하게 된다. 의도치 않았겠지만, 그녀가 끔찍한 제목의 메시지를 보냈다는 것만으로도 두려움을 느끼게 '조건화'된 것이다. 그녀는 나의 소중한 조카 앨리슨과 줄리아를 돌보고 있는 중이었다. '사고'라는 단어를 읽고 내가 얼마나 겁을 먹을지 예상하지 못했을까?

한번 생각해보자. 상사에게 '내일 아침 9시, 내 사무실로'란 제목의 이메일을 받는다면 어떤 기분이 들겠는가? 설령 연봉 인상 소식이 담긴 메일이라고 해도, 제목을 본 순간의 충격 때문에 이미 감정은 크게 상했을 것이다.

당신의 메시지가 어떤 좋은 정보를 담고 있든 간에, 수

신자가 제목을 읽었을 때 어떤 감정을 느낄지부터 예측하라. 순간의 고통은 쉽게 지워지지 않는다.

읽기도 전에 미소 짓게 만들어라

반대로 '급여 인상!'이라는 제목은 상사에 대한 좋은 감정을 불러일으킨다. **이렇게 항상 긍정적인 제목을 작성하여, 당신이라는 사람을 즐거움과 연결시켜라. 수신자들이 본문을 읽기 전까지 미소를 미루게 할 필요는 없다.** 예를 들어 누군가에게 선물을 받았다면 '멋진 선물!'이라고 제목을 써보자. 누군가에게 파티를 얼마나 즐겼는지 말하고 싶다면 '환상적인 파티!'라고 써보자.

내가 이 책의 원고를 편집자에게 보냈을 때 그녀가 보낸 첫 번째 답장의 제목은 '완전 좋아요!'였다. 안타깝게도 그녀가 목차만 읽었다는 사실이 메일 내용에서 티가 났지만 나는 제목이 무척 마음에 들어서, 몇 달 동안 우리가 주고받은 이메일에서 그 제목을 계속 유지했다. 심지어 편집자가 원고 중 일부를 지적할 때조차도!

이메일의 제목이 이미 정해져 있다면 어떻게 해야 할까?

같은 제목으로 이메일을 계속 주고받고 있다면 그대로 두면 된다. 하지만 상황에 따라 적절한 변화를 주는 것도 좋은 방법이다. 기존 제목 뒤에 괄호를 추가해 긍정적인 코멘트를 덧붙여보자. 예를 들어, 패톤 회사의 프로젝트를 진행하고 있고, 이메일에 '패톤 프로젝트'라는 제목을 붙였다고 해보자. 이제 프로젝트는 성공적으로 끝났다. 원래 제목을 그대로 두고 미소를 유발하는 부분을 추가하자. "RE: 패톤 프로젝트(모두 수고하셨습니다!)"

고전 시트콤 〈사인필드Seinfeld〉를 본 적이 있는가? 이를테면 등장인물 크레이머가 문을 밀치고 들어오는 장면이 너무 웃겨서, 그가 아직 말을 한 마디도 안 했는데도 관객들은 웃음을 터뜨린다. 이메일 제목도 마찬가지이다. 지금 보낸 메일함을 확인하고 예전 제목을 훑어보자. 메시지를 열어보지 않아도, 제목만 보고 미소 짓게 만드는 메일은 몇 개나 되는가?

사람들은 흔히 이메일은 형식적이라서 글만으로는 상대방을 잘 알 수 없다고 말한다. 하지만 내 생각은 다르다. 비록 이메일이 목소리나 몸짓만큼 많은 것을 드러내지는 않겠지만, 당신이 쓰는 단어들은 마치 등대처럼 모든 사람에게 당신의 이미지를 비추는 역할을 한다.

메시지에서 자기중심적으로
보이지 않으려면

 정신의학 분야의 한 연구에 따르면, 정신질환을 앓고 있는 사람들은 일반적인 사람들보다 '나'라는 단어를 훨씬 더 자주 사용하는 경향이 있다고 한다. 물론 단어 하나로 사람을 단정할 수는 없지만, '나'를 지나치게 사용하는 사람보다는 적절히 사용하는 사람이 더 안정적이고 균형 잡힌 인상을 줄 수 있다.

 대화할 때 '나'라는 단어를 너무 자주 쓰는 것은 확실히 피해야 하며, 글이나 이메일 등 텍스트에서는 더욱 조심해야 한다. 말로 할 때는 '나'라는 단어가 입 밖으로 나와 금방 흘러가지만, 텍스트에서는 큰 검은 글씨로 박혀 상대방의 화면에 오랫동안 남기 때문이다. 어떤 사람들은 문장을 '나'로 시작하는 경우가 너무 많다.

> 잠깐만요, 레일 모든 사람이 자신에 대해 이야기하잖아요. 자신의 행동, 생각, 감정, 제안 같은 거 말이에요. 원래 메시지라는 건 그런 걸 담는 거고요.

맞는 말이다. 친구에게 보내는 평범한 메시지를 떠올려 보면 이런 식이다.

안녕, 릭.

나는 어젯밤 클럽 파티에서 정말 즐거운 시간을 보냈어.

그리 고 나는 흥미로운 사람들도 많이 만났고.

나는 다음 주에 네가 우리 부부랑 저녁을 같이하면 좋겠어.

나는 네가 사샤의 요리를 정말 좋아할 거라고 생각해.

각 문장이 거의 전부 '나'로 시작한다는 게 눈에 띄지 않는가? 물론 친구에게 보내는 다정한 메시지지만, 이렇게 쓰게 되면 반복적이고, 자칫 자기 이야기만 계속하는 것처럼 느껴질 수도 있다.

그렇다면 어떻게 바꾸면 좋을까? 만약 이 조언을 평생 문법에 목숨 걸던 국어 선생님이 들었다면, 무덤에서 벌떡 일어났을지도 모른다. 살아계셨다면 격분해서 칠판이라도 내려쳤을 것이다. 사실 방법은 아주 간단하다. 그냥 문장에서 '나'라는 표현을 살짝 줄이는 것만으로도 글의 인상이 확 달라진다. 고쳐보면 이런 식이다.

> 안녕, 릭. 어젯밤 클럽 파티, 정말 즐거웠어.
> 흥미로운 사람들도 많이 만났고.
> 다음 주에 우리 부부랑 저녁 같이하면 좋겠다.
> 네가 사샤 요리 정말 좋아할 것 같아.

이전 메시지와 비교해 크게 바꾸지 않았다. 단지 문장 안에서 '나'라는 말만 뺐을 뿐이다. 그런데 이메일의 인상이 훨씬 더 부드럽고 자연스러워졌다. 너무 자기 이야기만 하는 것 같은 부담도 줄었고, 듣는 사람 중심으로 초점이 옮겨졌다.

한 걸음 더 나아가고 싶다면, 문장의 주어를 '나'에서 '너(당신)'로 바꿔보자. 같은 내용을 전달하더라도 훨씬 따뜻하고 다정하게 느껴지고, 듣는 사람도 자신이 존중받는다는 인상을 얻을 수 있다.

> 안녕, 릭. 네가 어젯밤 클럽에서 멋진 파티를 열어줘서 모두가 정말 즐거운 시간을 보냈어.
> 네가 흥미로운 사람들을 많이 초대했더라고.
> 다음 주에 우리 부부랑 저녁 같이할 수 있을까?
> 너도 아내 사샤의 요리를 정말 좋아할 거야.

비즈니스 이메일을 쓸 때

'나' 대신 '상대'를 지칭하는 단어를 사용하면 비즈니스 커뮤니케이션도 더 친근해질 것이다. 어느 쪽이 더 마음에 드는지 비교해보자.

존스 씨. 저희는 어제 기계 두 대를 주문하신 내역을 확인했습니다. 기계가 입고되는 즉시 이메일을 보내드리고, 다음 날 기계를 발송해드리겠습니다.

이것은 사람들이 일반적으로 메시지를 작성하는 방식이다. 아래는 조금 더 섬세한 디테일을 반영한 예시다.

존스 씨. 어제 기계 두 대에 대한 귀하의 주문이 접수됐습니다. 귀하는 기계가 도착하는 대로 이메일로 안내를 받고, 그다음 날 기계를 받으실 수 있습니다.

한 메일 안에서 몇 문장이나 상대방의 입장에서 쓸 수 있는지를 확인해보면 의외로 많은 걸 깨닫게 된다. 그리고 이번에는 글을 '보낸 사람'이 아닌, '받는 사람'의 입장에서 다시 읽어보자. 느껴지는 인상이 확 달라질 것이다.

사람은 누구나 자신이 중요한 존재라고 느끼고 싶어 한다. 고객도 마찬가지다. 상대가 주인공이 되는 메시지가 쌓일수록, 그 사람은 나와 더 강하게 연결되고 더 오래 곁에 머문다. 충성도 높은 고객, 오래가는 관계는 결국 '상대를 먼저 배려하는 말 한마디'에서 시작된다.

사실 우리는 태어날 때부터 '나'를 먼저 생각하도록 프로그래밍되어 있다. 아기 때 의사가 엉덩이를 찰싹 때리던 그 순간부터, 세상은 '나'를 중심으로 돌아간다고 믿는다. 그래서 지금도 사람들은 자신의 이름이나 자신을 언급하는 말을 들으면 무의식적으로 기분이 좋아진다.

그런 심리를 잘 이해하여 메시지 하나에도 '당신'을 주어로 세우는 것. 그것이 상대방에게 깊은 만족감과 호감을 주는, 가장 간단하면서도 강력한 방법이다.

직장에서 빈둥거리는 사람으로
보이지 않는 방법

"저요? 아니요. 전 텔레비전이나 유튜브는 잘 안 봐요." 이렇게 말하는 사람을 본 적 있을 것이다. 겉으로는 보지 않는다고 하지만, 사실 아무도 없을 때 문을 잠그고 블라인드를 내리고 가벼운 오락 프로그램이나 숏폼 영상에 빠져 있을지도 모른다.

직장에서도 상황은 비슷하다. 단체방에 웃긴 농담 글이나 사진 하나를 올리면, 안 보는 척하다가 슬쩍 보고 피식 웃은 경험, 아마 다들 있을 것이다.

물론 가볍게 웃긴 콘텐츠를 주고받는 건 누구나 할 수 있는 일이다. 하지만 조심해야 할 건 '타이밍'이다. 메시지를 보낸 시간 하나로도 당신의 이미지가 정해질 수 있다. 실제로 많은 사람이 메신저 도착 시간을 확인할 수밖에 없다. 아침 9시도 안 됐는데 유머가 올라온다거나, 점심시간도 아닌데 이상한 사진이나 소소한 수다로 메시지가 계속 올라오면, 상대는 생각한다. '이 사람 지금 일은 하고 있는 건가?'

업무와 무관한 내용이라면 업무 시간 중엔 잠깐 보류하는 게 낫다. 오후 6시 이전에는 '보내기' 버튼을 누르지 않는 것이 안전하다. 농담뿐 아니라, 감상적인 이야기, 반려동물 사진, 건강 정보나 결혼식에서 찍은 아기 사진도 마찬가지다. 괜히 '근무 중에 딴짓하는 사람'이라는 인상을 줄 수 있다. 직장에서는 그 사람이 얼마나 유능한가보다, 어느 순간에 어떤 태도로 행동했는지가 더 기억에 더 오래 남는다. 자칫 '시간 개념 없이 톡 보내는 사람', '자기 할 일 안 하고 단톡방만 들락거리는 사람'처럼 보이게 되면, 그 평판은 한번 굳어지면 쉽게 바뀌지 않는다.

언제 전화하고, 언제 이메일을 보낼지 고민된다면

 캐나다의 교육자이자 커뮤니케이션 이론가인 마셜 매클루언Marshall McLuhan은 이렇게 말했다. "매체가 곧 메시지다." 조금 더 설명하자면, 전달 방식인 매체에 따라 말의 의미가 달라지고, 사람의 인식에 끼치는 영향이 달라진다는 뜻이다. 20세기 이론가인 매클루언은 이메일에 대해서는 들어보지 못했겠지만, 만약 알았다면 똑같이 말했을 것이다.

 '어떻게' 전하느냐의 문제는 여전히 많은 사람을 망설이게 만든다. "전화를 해야 하나? 그냥 문자로 할까?" "이메일을 보내야 할까, 아니면 메시지로 보내도 될까, 아니면 직접 말하는 게 나을까?" 우리는 이런 매일 크고 작은 고민 앞에서 망설이게 된다. 때론 어떻게 해야 할지 분명히 알 수도 있지만, 애매한 순간이 훨씬 더 많다. 말로 전하면 더 진심이 느껴질 것 같고, 글로 전하면 조금 더 정돈되어 보이기도 한다.

예를 들어보자. 친한 친구가 출장으로 다른 도시에 가 있는 동안, 대신 집을 봐주고 있다고 가정해보자. 화초에 물도 주고, 반려견도 산책시키고, 열 마리의 금붕어에게 먹이도 주고 있다. 그런데, 안타깝게도 그중 한 마리가 죽고 말았다.

* 오, 이런. 친구에게 이메일을 보내야 할까? 아니야, 그건 왠지 너무 무심한 행동처럼 느껴져. 그럼 사무실로 전화해야 할까? 아니야, 친구는 분명 바쁠 거야. 게다가 작은 금붕어 한 마리 때문에 전화했다간 바보 같다고 생각할지도 몰라. 어쨌든 친구에게는 아직 아홉 마리가 남아 있잖아.

하지만 반대로, 친구가 그 금붕어들을 정말 소중하게 여겼다면 어떡하지? 돌아와서 죽은 걸 알게 되면, 친구는 엄청 충격받을 거야. 그러고는 내게 이렇게 말하겠지. "왜 나한테 파넬이 죽었다고 미리 말하지 않았어?"

이메일이 좋을까, 전화가 좋을까? 이메일? 전화?

상대의 시간을 존중하는 연락의 기술

이 문제로 더 이상 잠 못 이루지 않아도 된다. 해결책은 생각보다 간단하다. 상대가 전화받지 못할 시간대에 메시지를 남기는 것이다. 굳이 직접 통화하지 않고도 감정을 전할 수 있는 방법이다.

메시지를 남길 땐 이렇게 시작하면 좋다. "지금 바쁘실 것 같아서 전화로 방해드리고 싶지 않았어요. 자리에 안 계실 때 조심스레 연락드렸습니다." 여기에 "답장은 안 주셔도 괜찮습니다"라는 말까지 덧붙인다면, 상대는 당신이 자신의 시간을 존중하고 있다고 느낄 것이다.

이건 직장뿐 아니라, 친구나 연인과의 사이에도 적용할 수 있는 작은 디테일이다. 개인적인 이유로 지금은 직접 통화하고 싶지 않은 상황이라면, 상대가 바쁠 시간대를 노려 그때 자연스럽게 메시지를 남기는 것만으로도 부담 없이 소통할 수 있다. 물론 감정이 섞인 대화나 중요한 이야기를 전할 때는 이런 방식이 적절하지 않을 수도 있다. 하지만 마음을 잘 전달하고 싶을 때는 오히려 더욱 효과적일 수 있다.

물론 목소리에서 느껴지는 감정은 이모티콘보다 훨씬 효과적이다. 그리고 전문가들은 이모티콘을 사용하지 말라고 조언한다(하지만 훌륭한 카피라이터 리사 스트랙스는 개인 이메일에서는 오히려 유용할 수 있다고 살짝 귀띔해줬다). 전화는 글보다 훨씬 짧은 시간 안에 깊은 유대감을 줄 수 있다. 만약 다소 민감하거나 복잡한 상황이라면, 메시지를 남기되 흔적이 남지 않는 방식, 즉 기록되지 않는 방법을 택하는 게 나을 수도 있다.

핸드폰으로 상대방의 자존감을 높이는 방법

 약 1년 전, 마티라는 이름을 가진 남자로부터 전화를 받은 적이 있다. 처음에는 그가 빅캣이라 생각했지만, 곧 별 볼 일 없는 사람임을 알아차렸다. 마티는 닷컴 시대 초기에 활동을 시작한 어느 기업의 마케팅 이사였다. 대부분의 닷컴 기업이 21세기로 접어들며 파산했지만, 그는 누구에게나 이렇게 자랑했다. "저는 혼자 힘으로 회사를 살렸죠." 마티는 고객 서비스팀을 대상으로 전화 응대 교육을 하고 싶다며 나를 점심에 초대했다.

레스토랑에서 그를 처음 마주했을 때, 이미 직감이 왔다. 자기중심적이고 무례할 것 같다는 느낌. 자리에 앉자마자 그 예감은 현실이 됐다. 마치 카우보이가 총을 '쿵' 내려놓듯, 그는 핸드폰을 테이블 위에 '탁' 하고 내려놨다. 메뉴판을 집기도 전에, 그는 다시 핸드폰을 쥐더니 조용히 말했다. "아, 죄송합니다." 하지만 말뿐이었다. 그는 메시지를 읽느라 나를 완전히 잊은 듯했다. 나는 메뉴에 집중하는 척하며 그가 정신을 차릴 때까지 모른 척해줬다.

그러다 간신히 대화가 시작됐는데, 레스토랑 어딘가에서 아기 울음소리가 들렸다. 고개를 돌려봐도 아이는 없었다. 순간 마티가 씨익 웃더니 핸드폰을 들어 보이며 말했다. "우리 아기 우는 소리를 벨 소리로 해놨어요. 아내는 이거 들으면 기겁해요."

※ ……아내만 기겁하는 게 아닙니다. 나도 지금 질렸거든요.

그 점심 자리에서 마티의 핸드폰은 세 번이나 울렸다. 그는 그때마다 그 화면을 들여다보며 통화를 받을지 말지 고심했다. 나는 생각했다. 내가 과연 저 전화보다 덜 중요한 사람일까? 그는 분명히 지금, 전화를 건 사람이 나보다 더 중요한지를 머릿속으로 저울질하는 중이었다. 레스토랑을 나서면서, 나는 마티가 커다란 안전핀으로 핸드폰을 기저귀에 달고 기저귀만 찬 채 집안을 기어다니는 모습을 상상했다. 그 이후로 마티와 다시 볼 일은 없었다.

그가 보는 앞에서 '이것'을 끄는 센스

누군가와 즐겁게 대화를 나누다가 갑자기 상대방의 주머니나 가방에서 벨 소리가 들리는 바람에 말이 끊긴 적이 몇 번이나 되는가? 상대방은 세이렌의 마법에 걸린 듯, 순식간에 핸드폰을 꺼내 화면을 응시한다. 설령 그 사람이 전화보다 당신을 더 중요하게 여겨 핸드폰을 다시 넣어둔다 해도 이미 분위기는 깨졌다. 상대방은 당신의 감정을 세심하게 살피지 않았다. 즉, 감정 예측을 하지 못한 채, 호감을 남기는 것도 물 건너간 것이다.

"그럼, 핸드폰 전원을 꺼두라는 말인가요?" 라고 묻는다면, 내 대답은 "그것만으로는 부족하다"이다. 핸드폰 전원을 꺼두는 건 기본이다. 정말 상대를 존중하고 싶다면 그 순간 함께 있는 사람에게 그 마음을 '보여줘야' 한다.

예전에 소개팅 자리에서 마음을 완전히 빼앗겼던 남자가 있었다. 체코 출신 건축가였던 이반. 잘생긴 것도, 말을 잘하는 것도 좋았지만, 정말 인상적이었던 건 그가 나와 마주 앉자마자 눈을 마주치며 핸드폰을 꺼버린 것이었다.

그 조용한 '전원 종료' 소리는, 어떤 말보다도 선명하게 들렸다. "지금 이 순간, 당신이 세상에서 제일 중요해요." 그의 행동은 그렇게 말하고 있었다.

물론 어떤 사람들은 이렇게 반문할 수 있다. "그건 너무 의도적인 행동 아닌가요?" 그렇다면 이렇게 되묻고 싶다. 미군이 상관에게 경례하는 건 연출일까? 영국인들이 여왕을 위해 일어서는 건 가식일까? 태국 아이들이 설날에 어른의 발을 씻겨주는 건 형식일 뿐일까? 아니다. 그건 '존중을 보여주는 방식'이다.

존중은 눈앞에서 보일 때에만 감정으로 전달된다. 핸드폰도 마찬가지다. 혼자 미리 꺼둔다면, 상대는 아무것도 느끼지 못한다. 하지만 함께 앉아 눈을 마주친 순간, 그 짧은 '전원 끄기'의 제스처는 강하게 남는다.

전화를 끊는 순간에도 호감은 남는다

아인슈타인조차도 시간에 대해서 이렇게 말했다. "즐거운 순간은 눈 깜짝할 새 지나가지만, 지루한 시간은 끝없이 느껴진다."

지금 당신은 말이 끊이지 않는 사람과 통화 중이다. 당신은 바쁘다고, 곧 전화를 끊어야 한다고 몇 번이나 말했지만, 상대는 "진짜 이 말만 하고 끊을게!"라며 말을 이어간다.

이제는 그의 말 한 마디 한 마디가 몇 배는 더 길고 무겁게 느껴진다. 마치 3분이 아니라 30분을 듣고 있는 기분이 든다. 아무리 가까운 사이여도, 이런 피곤한 대화가 반복되면 관계는 조금씩 닳아간다.

상대가 '그만 끊자'고 말하면, 주저 말고 바로 끊어라

한번은 오전 11시 반쯤, 미국 일리노이에 있는 한 물류회사 대표와 통화를 하고 있었다. 나는 정오까지 마무리해야 할 급한 일이 있어 슬쩍 이야기를 꺼냈다. 대부분의 사람이라면 이런 사인을 눈치채고 황급히 마무리했을 것이다.

그런데 그는 한 가지를 더 보여줬다. 아주 부드러운 목소리로 "그럼 이만, 곧 다시 이야기해요"라고 말하더니, 정말로 망설임 없이 전화를 끊었다.

나는 순간 감탄했다. 그는 내가 바쁘다는 걸 정확히 이해했고, 미련 없이 깔끔하게 대화를 마쳤다. 그 이후로도 나는 그를 오래도록 긍정적으로 기억하게 됐다.

이처럼, 누군가 바쁘다고 말할 땐 당신에게 남은 시간

은 딱 10초다. 짧고 따뜻한 인사를 건넨 뒤, 미련 없이 끊어라. 이것이 당신을 예의 바르고 배려 깊은 사람으로 기억하게 만든다.

아이를 키우는 엄마들 사이에서, 이 기술은 약속처럼 지켜지기도 한다. 아이가 울거나 떼를 쓰기 시작하면 "어머, 나 가봐야겠다!" 하고 전화를 끊는 것이다. 이 작은 약속 하나가 관계를 단단하게 지켜준다.

6부

망친 말은
주워 담을 수 없다

: 작지만 치명적인 말실수

초대받은 사람이 지켜야 하는
대화의 태도

 당신 인생이 한 편의 영화라면, 주연 배우가 있고, 조연과 엑스트라도 있을 것이다. 싱글들은 '오디션'을 치르듯 데이트하며, 함께 인생을 살아갈 주연 배우를 찾는다.

 몇 년 전, 나는 내 인생의 주연이 될 수도 있을 한 남자를 만났다. 고든, 그는 잘생겼고, 같이 나누는 대화도 즐거웠고, 어느 정도 성공한 지적인 사람이었다. 그는 '부유층과 유명인'을 대상으로 하는 작은 여행사를 운영하고 있었고, 내가 꿈꾸던 주연 배우를 맡기에 그야말로 완벽한 사람이었다. 마침 좋은 기회가 찾아왔다.

나는 비즈니스와 사교가 절묘하게 섞인 저녁 식사 자리에 초대받았다. 회사 측은 나에게 커뮤니케이션 컨설턴트 직무를 맡길지 검토 중이었고, CEO 부부는 레스토랑에서 함께 식사하자며 "동반인을 데려와도 좋다"라고 했다. 전화를 끊자마자, 나는 곧바로 고든에게 연락했다.

드디어 기대하던 날이 찾아왔다. 우리는 칵테일을 마시며 편안하게 대화를 나눴고, 그곳에서도 고든은 매력을 발휘할 수 있을 것이라 생각했다. 그날 저녁은 아주 순조롭게 시작됐다. 하지만 곧, 그는 주연은커녕 카메라 밖으로 퇴장시켜야 할 인물이라는 사실을 깨닫게 됐다.

주인공이 아닌 사람이 대화를 독점하면

자리에 앉아 식전 칵테일을 마시는 동안엔 괜찮았다. 편안하고 여유 있는 대화가 이어졌다. 문제는 메뉴판이 등장하면서 시작됐다. 다들 식사보다 대화가 더 중요한 것을 눈치채고 주문을 얼른 끝내려 했지만, 고든은 갑자기 메뉴에 몰입했다.

구운 메추라기 샐러드, 매운 참치 타르타르, 아스파라거스를 곁들인 랍스터까지…… 그는 웨이터에게 재료와 조리법, 산지까지 일일이 물으며, 한 끼 식사를 거의 논문 심사하듯 대했다. 그사이, CEO와 마케팅 이사는 눈빛을 주고받았고, 나는 그저 상황을 정리할 타이밍을 계산하고 있었다.

* *제발 바보처럼 굴지 마요, 고든. 이 사람들은 중요한 업무 이야기를 하러 온 거라고요. 그런데 지금 한 사람의 배를 만족시키기 위해 우리 모두의 시간을 쓰고 있다고요.*

웨이터의 설명이 만족스럽지 않았는지, 고든은 결국 메뉴에서 가장 비싼 랍스터를 시키며 기나긴 '1인 미식 쇼'를 마무리했다. 대화를 다시 회사 이야기로 돌리자, 두 부부는 지혜롭게 한 걸음 물러섰다. 하지만 고든은 그 흐름을 읽지 못했다. 대화의 방향과 무관한 자기 사업 이야기로 중요한 흐름을 뚝 끊어버렸다.

* *입 좀 다물어요, 고든! 이 사람들은 정말 중요한 이야기를 하려는 거예요. 모르겠어요? 이건 나한테도 정말 중요한 자리란 말이에요. 이들은 나를 컨설턴트로 채용할지 고려 중이라고요.*

나는 다시 한번 대화를 본래의 궤도로 되돌려놓으려 했지만, 고든은 끝까지 자신의 소규모 여행사 이야기를 멈추지 않았다. 그 순간 확신했다. 이 사람은 내 인생에서 어떤 역할도 맡을 수 없다. 심지어 엑스트라조차도.

그날 이후, 나는 그를 내 시나리오에서 완전히 삭제했다. 그리고 그 회사도 나를 선택하지 않았다. 정말 고맙다, 고든. 당신 덕분에 어떤 인물이 좋은 파트너인지 분명히 알게 됐으니까.

누군가는 자신이 언제나 주연이라 착각하고, 누군가는 조연의 자리를 잘 지킨다. 진짜 문제는, 엑스트라가 갑자기 카메라를 독점하려 할 때 생긴다.

자신이 주연, 조연, 엑스트라일 때를 구분할 것

사교 모임이나 연애 관계에서만 사람들이 자신의 역할을 착각하는 것은 아니다. 택시 기사는 자신의 사적인 이야기를 너무 많이 하고, 가사도우미는 일하는 중에 사적인 전화를 자주 받으며, 파티를 즐기는 와중에 임원은 원치 않는 조언을 늘어놓는다. 이들은 모두 그 순간, 당신 인생에서 엑스트라일 뿐이다. 물론 상황에 따라 역할은 뒤바뀔 수 있다. 웨이터, 가사도우미, 임원이 주인공이 되는 순간이 있고, 그땐 오히려 당신이 그들의 인생에서 엑스트라가 된다. **자신이 주인공이 아닌 자리라면, 절대 자신을 중심으로 이야기하지 마라.**

100퍼센트 순수한 사교 모임을 제외하면, 대부분의 모임에는 분명한 목적이 있다. 전체적인 흐름을 파악하고, 당신이 앞에 나서야 할지, 뒤로 물러나야 할지를 판단하라. 대화가 모임의 핵심 주제로 넘어갈 때, 당신과 관련 없는 이야기라면 입을 다문 채 미소만 지어라.

지각도 센스 있게 하면
호감이 된다

　예전에 컨설팅을 맡았던 보험회사의 CEO 콘은 전 직원이 참여하는 중요한 회의를 열었다. 사내 분위기를 재정비하기 위한 자리였던 만큼, 회의실 안은 다소 긴장된 공기로 가득했다. 모두가 시간에 맞춰 도착해 자리를 지켰지만, 유독 한 사람이 보이지 않았다. 바로 최근에 채용된 손해사정사 산드라였다. CEO는 평소 산드라의 업무 태도와 분석력을 높이 평가해왔기에, 그녀가 자리에 없는 것을 보고 살짝 눈살을 찌푸렸다. 그는 별다른 언급 없이 회의를 시작했다.

회의가 시작된 지 약 10분쯤 지났을 때, 산드라는 평소와 다름없는 차분한 걸음으로 회의실에 들어왔다. 그녀는 간단히 "미안합니다"라고 말하고는, 당황한 기색 없이 자리에 앉았다. 동료들 사이에선 '무슨 일이지?' 하는 눈빛이 오갔지만, 회의는 흐름을 멈추지 않고 계속되었고, 산드라도 마치 처음부터 그 자리에 있었던 사람처럼 자연스럽게 논의에 참여했다.

10분쯤 더 지나 회의가 한창 진행 중일 때, 산드라가 질문을 던졌다. 그녀는 질문에 앞서 이렇게 말했다. "어쩌면 회의 초반에 이미 논의된 내용일 수도 있지만, 제가 놓친 부분이 있을까 해서요. 오늘 아침 아들이 열이 39도까지 올라서, 여동생이 저희 집에 와서 아들을 저 대신 병원에 데려갈 때까지 기다리느라 늦었습니다." 그 말이 끝나자마자 바로 질문을 이어갔고, 말투는 여전히 침착했다.

그 순간, 회의실 안의 공기가 바뀌었다. 사람들의 표정에는 단순한 동정을 넘어선 존중과 신뢰가 스며들었다. 이유는 명확했다. 산드라는 불안한 표정으로 연신 사과하거나 서둘러 해명을 늘어놓지 않았다. 대신 상황을 있는 그대로, 담담하고 단정하게 전달했을 뿐이다. 물론 자녀의 응급 상황은 누구나 납득할 수 있는 이유였지만, 더 인상 깊었던 것은 자신의 선택에 책임을 지고, 그 앞에서 흔들리지 않는 태도였다.

그녀는 분명 이 회의가 자신을 평가하는 중요한 무대가 될 수 있음을 인지했을 것이다. 그럼에도 한순간도 위축되지 않았고, 오히려 그 태도가 사람들의 신뢰를 얻는 결정적인 이유가 되었다.

자신의 선택에 자신감을 보이고, 다른 사람들이 자신을 어떻게 생각하는지 지나치게 걱정하지 않는 것. 이 두 가지는 비즈니스에서 빅캣이 갖춰야 할 매우 중요한 자질이다. 여기에 하나를 더하자면, "미안합니다"라는 말을 언제 해야 하고, 언제 하지 않아도 되는지를 아는 감각이다. 적절한 사과는 관계를 부드럽게 만들 수 있지만, 불필요한 사과는 오히려 신뢰를 깎는다. 중요한 것은 상대의 눈치를 보며 움츠러드는 것이 아니라, 상황을 읽고 자신의 위치를 지켜내는 '균형 감각'이다. 불안한 마음에 사과하거나 체면 때문에 참는 것이 아니라, 중심을 잃지 않고 주도권을 유지하는 태도. 그것이 바로 빅캣의 품격이다.

이 디테일의 유일한 단점은 자주 사용할 수 없다는 것이다. 만약 지각이 습관이라면, 이 페이지는 그냥 넘기고 읽지 않은 척하는 게 낫다.

'할 일 없는 사람'으로
만드는 말버릇

 높은 자리에 있는 사람들은 누군가를 중요한 자리에 앉힐지를 두고 판단할 때, 그 사람이 실제로 본인이 말하는 만큼 중요한 인물인지 알기 위해 그의 말에 신중히 귀 기울인다. 그들은 마치 몇 킬로미터 떨어진 곳에서 달팽이가 목을 가다듬는 소리조차 들을 수 있을 정도로 민감하다. 단 하나의 힌트라도 포착되면, 후보는 순식간에 제외된다.

 한번은 오디오북출판협회 시상식에 참석한 적이 있다.

나는 부명작가나 다름없었지만, 운 좋게도 영향력 있는 오디오북 출판사 인사 일곱 명과 같은 테이블에 앉게 됐다. 그들은 어떤 남자의 이야기를 열심히 듣고 있었다. 얼핏 보기엔 그가 그 자리에서 강한 인상을 남기기 위해 무척 애쓰고 있는 듯 보였다. 그는 자신의 학력과 경력, 현재 맡고 있는 고위직의 역할까지 장황하게 설명하며 인상 깊은 모습을 보여주려 애썼다.

다행히 분위기는 나쁘지 않았다. 테이블에 앉은 사람들의 표정을 보니, 그의 전략은 어느 정도 효과를 본 것 같았다. 모두가 고개를 끄덕이며 경청하고 있었고, 그중 한 고위 임원이 명함을 건네며 말했다. "내일 전화 주세요. 연락 기다리겠습니다." 그는 기쁨을 감추지 못하며 대답했다. "좋습니다. 내일 업무 시간을 피해서 연락드리겠습니다."

그 순간, 테이블의 분위기가 묘하게 식었다. 사람들은 말없이 눈빛을 주고받았고, 그 짧은 순간 분위기에는 '아, 이 친구는 아닌가 보군'이라는 기류가 흘렀다. **단 한 문장으로 그는 스스로를 '수동적으로 관리받는 사람'처럼 보이게 만들어버린 것이다.**

듣는 사람에 맞춰 자신을 표현하라

왜 그런 반응이 나왔을까? 고위직에 있는 사람들은 자신의 시간과 일정 대부분을 스스로 결정한다. 반면, "업무 시간을 피해서 연락드리겠습니다"라는 말은 마치 누군가의 눈치를 보며 움직이는 사람처럼 들린다. 자신의 시간을 주도적으로 관리하지 못하는 사람이라는 인상을 주는 것이다.

같은 상황에서도, "내일 오후 2시쯤 전화드리겠습니다" 또는 "내일 제가 시간 조율해서 꼭 연락드리겠습니다"라고 말했다면, 그는 여전히 '자기 주도적으로 움직이는 사람'처럼 보였을 것이다. 말 한 마디 차이가 결국 사람의 급을 결정짓는 셈이다.

직업에서 어떤 위치에 있든, 하루 일정이 얼마나 정해져 있든, 누구나 자기 배의 선장처럼 생각하고 말할 자유가 있다. 아무도 선장에게 점심을 언제, 얼마 동안 먹어야 할지 지시하지 않는다. 적어도 자신의 삶에서만큼은 스스로를 대장처럼 보이게 만드는 몇 가지 방법이 더 있다.

내 지위를 깎아 먹는
언어의 디테일

학교 수업 때 선생님이 "글을 쓸 때 '그'나 '저' 같은 말은 꼭 누구를 가리키는지 명확히 하세요"라고 알려준 기억이 있는가? 이런 대명사가 누구인지 모호하면 글이 애매해지기 때문이다. 이번 디테일은 문법이 아니라, 당신이 무의식적으로 스스로를 어떻게 바라보는지를 보여주는 언어에 관한 이야기다.

전국의 사무실 탕비실에서는 사람들이 이런 말들을 주고받는다.

"'저 사람들' 때문에 점심시간에 인터넷도 못 해."

"'저 사람들'은 캐주얼 복장도 못 하게 막아."

"'저 사람들'은 우리가 병원비를 낼 수 있는 형편인지 아닌지도 관심 없더라."

질문, 여기서 '저 사람들'은 도대체 누구일까? 당연히 우리를 통제하는 상사나 경영진, 또는 회사 내 권력층이다. 문제는 바로 그 막연한 표현, '저 사람들'이다. 이렇게 흐릿한 대상을 설정하면, 듣는 사람은 당신을 상황에 끌려다니는 수동적인 사람처럼 느낄 수 있다. 이처럼 모호한 표현은 당신의 위치를 무력하게 만들고, 스스로를 통제받는 사람처럼 각인시킨다. 말은 현실을 설명하는 동시에, 당신이 그 현실 안에서 어떤 위치에 있는지를 드러낸다.

수동적인 말투에서 벗어나 주체적으로 말하라

누군가 당신에게 영향력을 행사한다면, 그 사람이나 집단을 더 분명히 말해라. 이것이 말의 주도권을 찾는 방법이다.

"경영진이 점심시간에 인터넷 사용을 제한했어."

"인사팀이 캐주얼 복장도 엄격히 통제해."

"관리부서는 직원 복지에 별 관심이 없어."

그리고 한 단계 더 나아가 내 위치를 더 높이고 싶다면, '우리'와 '그들'을 명확히 구분하는 말을 써라. 내가 '그들' 편임을 암묵적으로 드러내는 것이다.

"경영진이 '직원들'의 인터넷 사용을 제한했어."

"인사팀이 '직원들'의 복장 규정을 엄격히 적용하고 있어."

"관리부서는 '직원 가족들' 복지에 별로 신경 안 써."

이렇게 말하면 당신은 통제받는 자가 아니라, 그 상황을 해석하고 전달하는 주체로 보인다. 당신이 내부자인 동시에 일종의 관찰자 위치에 있다는 신호를 줄 수 있다. 실제로 같은 조직에 있어도, 어떤 언어를 쓰느냐에 따라 당신은 '일원'이 아닌 '분석가'처럼 보일 수 있다. 이렇게 쌓인 언어 습관이 곧 사람의 이미지를 만든다.

언어는 무의식을 드러내기도 하지만, 거꾸로 무의식을 통제할 수도 있다. 사용하는 말을 바꾸면 당신 내면의 태도와 인식 자체도 달라질 수 있다. 리더처럼 보이는 사람은 대개 실제 리더이기 이전에, 언어에서 먼저 차이를 보인다. 말의 구조부터 다르다.

언어가 바뀌면 태도가 달라지고, 태도가 바뀌면 결국 현실도 바뀐다. 더 이상 주변에 끌려다니고 싶지 않다면, 지금 쓰는 말부터 주도적인 표현으로 바꿔라.

그 말 한 마디가
탈락을 부른다

나는 살면서 절대 잊지 못할 장면을 본 적이 있다. 대기업의 빅캣 두 사람이 면접을 진행하던 중, 서로를 힐끗 쳐다보며 의미심장한 눈빛을 주고받던 순간이었다.

당시 나는 한 신생 보험회사를 컨설팅하고 있었다. 그 회사는 이미 뛰어난 인재를 많이 채용했지만, 새로운 지역을 담당할 유능한 손해사정사가 필요했다. 두 임원은 회의실에서 수십 명의 지원자를 면접할 예정이었고, 나는 지원자들의 인상을 평가해달라는 요청을 받고 참석했다.

점심시간이 다가올 무렵, 일곱 번째 지원자 면접을 마쳤을 때, 리셉션 직원이 전화를 걸어왔다.

"케빈 메이슨이란 분이 오늘 아침 일찍 도착하셨습니다. 원래 면접은 1시로 예정되어 있지만, 그가 몇 시간째 대기 중이라서요. 혹시 점심시간 전으로 면접을 앞당길 수 있을까요?"

"음, 그래요. 들여보세요." CEO인 콘이 말했다. 그는 지원자를 부사장 엥겔스에게 소개하며 덧붙였다. "오래 기다리게 해서 미안합니다."

"아, 괜찮습니다." 지원자가 대답했다. "시간을 때울 겸 일찍 왔습니다."

탕! 그 순간 모든 게 끝났다. 돌이킬 수 없는 실수였다. 인터뷰는 그렇게 끝났고, 그가 문을 나서자마자 두 사람의 얼굴에 미묘한 표정이 떠올랐다.

"그래, 이런 사람이었구나."

"하지만 우리가 진짜 원하는 건 '시간을 때우는' 사람이 아니야."

아하! 그제야 나는 이해했다.

대기업 임원들은 시간을 아주 신중하게 사용한다. 그들에게 중요한 건 '얼마나 바쁘냐'가 아니라, 주어진 시간을 '어떻게 쓰느냐'다. 휴가를 떠날 시간은? 있다. 놀 시간은? 가족과 함께 할 시간은? 당연히 있다. 하지만 '그냥 때울 시간'은 없다. 그런 이들에게 "그냥 시간 좀 때우려 왔다"는 말은 통하기 어렵다. 자기 시간을 아무렇게나 쓰는 사람은 결국 회사의 시간도 가볍게 다룰 수 있다는 인상을 주기 때문이다.

몇 번의 실망스러운 면접이 지난 뒤, 갈색 머리를 한 여성 카탈리나가 들어왔다. 역동적이고 프로페셔널한 모습이 돋보였다. 두 임원은 미소를 띠며 눈빛을 교환했고, 그녀와 악수한 뒤 이력서를 꼼꼼히 살펴봤다.

그녀는 모든 질문에 완벽히 대답했다. 면접이 끝나자 두 임원은 일어나 다시 악수하며 말했다.

"곧 연락드리겠습니다."

그들은 '딱 이 사람이다'라고 생각했다. 적어도 그때까진. 카탈리나는 밝게 미소 지으며 물었다.

"대표님, 별자리가 어떻게 되세요?"

"별자리요?"

"네, 별자리요."

대표는 믿기 어렵다는 표정으로 대답했다.

"글쎄요, 잘 모르겠습니다. 지원해주셔서 감사합니다."

그녀가 나가자마자 대표는 이력서를 구겨서 휴지통에 던졌다.

하고 싶은 말은 내려놓고, 합격할 말을 하라!

카탈리나가 CEO에게 별자리를 물은 게 그렇게 큰 실수였을까? 꼭 그렇지는 않다. 어쩌면 CEO는 점성술, 타로에 관심이 있거나 대체의학을 따르는 사람일 수도 있다.

하지만 만약 고객이 큰 손해를 봐서 마음이 상한 상황에, 손해사정사가 엉뚱하게 점성술 얘기를 꺼내는 건 회사 입장에서 감당하기 어렵다.

그날 또 다른 지원자가 "신의 축복이 있기를"이라는 인사를 하자 CEO는 그의 이력서를 바로 파쇄기에 넣었다. 이 말이 왜 문제일까?

기독교인끼리는 흔한 인사지만, 신앙이 다른 사람에게

는 불편할 수 있다. 이슬람교도는 "평화가 함께하길"이라고 하고, 유대인은 "샬롬"이라고 한다. 서로 신앙과 문화가 다르면, 어떤 인사는 오히려 거슬릴 수 있다.

새 손해사정사가 유대교 랍비에게 기독교식 축복을 건네는 모습을 상상하며 CEO는 몸서리쳤다. 상대의 신념과 열정을 충분히 알기 전까지는 무난한 인사를 하는 게 안전하다. "안녕하세요"와 "안녕히 계세요"처럼.

그렇다면 누가 채용됐을까?

이전에 이야기한 위기를 기회로 바꾼 원더우먼, 산드라를 기억하는가? 곧 빅캣이 될 그녀가 다음 면접 대상자였다. 그들은 왜 산드라를 채용했을까? 여기 몇 가지 이유가 있다.

인터뷰를 위해 걸어 들어가며 산드라가 처음 한 말은 다음과 같다. "대표님, 부사장님, 오늘 제 면접이 마지막이길 바랍니다. 두 분이 하루 종일 고생하셨으니까요."

그녀는 임원들의 피로와 심정을 정확히 읽어냈고, 이를 언급하며 감정 예측 능력을 보여줬다. 손해사정사에게 꼭 필요한 능력이다. 임원들은 웃으며 맞장구쳤다. 면접 내내 산드라의 대답은 섬세하고 예의 발랐다. 면접이 끝나갈 무렵 그녀는 자연스럽게 말했다.

"늦은 시간까지 면접을 봐주셔서 감사합니다. 이제 본업으로 돌아가실 수 있겠네요."

산드라는 그녀의 탁월한 감정 읽기 능력을 한 번 더 제대로 보여줬다.

또 하나의 센스

산드라는 면접을 마치고 떠나며 내게도 고개 숙여 인사했다. 나는 상황을 조용히 지켜보고 있었다. 현명하게도, 그녀는 나에게 자기소개를 하거나 악수를 청하지 않았다. CEO와 부사장이 나를 소개하지 않았으니, 그게 적절하지 않을 수도 있다고 판단한 것이다.

하지만 그녀의 미소와 절제된 인사는 내 기분을 좋게 만들었고, 자연스럽게 호감이 높아졌다. 결국 나는 그녀에게 '합격' 표를 던졌다. 그리고 산드라는 그 자리를 차지했다.

때로는 침묵이
최고의 발언이다

대학을 졸업하고, 나는 작은 스타트업에서 홍보팀 보조로 일한 적이 있다. 팀장 달라는 나에게 친절했고, 회사 밖에서도 좋은 선배처럼 잘 챙겨줬다. 그녀의 생일날, 나는 그녀가 가장 좋아하는 맛집으로 점심을 예약해 축하해주려고 했었다.

그런데 몇 테이블 떨어진 곳에서 회사 고문 역할을 맡고 있는 토니를 발견했다. 그는 다소 괴팍하지만 영향력 있는 인사였고, 달라와도 몇 차례 프로젝트를 함께한 적이 있었다.

문제는, 그가 레스토랑에서 회사와 달라에 대한 불만을 꽤 큰 목소리로 말하고 있었다는 점이다.

"이번 기획, 진짜 답답하지 않냐? 누가 저런 걸 오케이 했는지 이해가 안 돼."

"달라는 감 잡는 데 좀 오래 걸려."

"다음 PT는 그 어시스턴트, 이름이 뭐였더라…… 하여간 걔가 하는 게 나을지도."

나는 순간 긴장했다. 달라는 여전히 파스타를 먹으며 이런 말을 했다.

"어머, 저기 토니다! 인사하러 갈까?"

그녀는 이미 토니의 테이블로 향하려고 했다. 그런데 마침 토니도 우리 쪽을 힐끗 보더니, 표정이 순간 굳었다. 달라도 살짝 눈살을 찌푸렸지만, 무슨 말이 오갔는지는 정확히 듣지 못한 듯했다.

나는 조심스럽게 손을 잡고 말했다. "저 사람, 오늘 컨디션이 좀 안 좋은 것 같아요. 그냥 여기서 먹죠."

달라는 고개를 갸웃했지만, 그냥 넘어갔다.

그 후, 토니는 우리 부서에 오지 않았다. 달라는 이유를 궁금해했지만, 나는 차마 진실을 말하지 못했다. 며칠 뒤, 우리 팀에 중요한 기획안 발표 기회가 생겼다. 보통 이런 자리는 팀장이 맡곤 했지만, 예상과 달리 대표님은 나를 지목했다. 달라도 놀란 눈치였지만, 조용히 웃으며 상황을 받아들였다.

그날 저녁, 토니를 복도에서 마주쳤다. 그는 내게 이렇게 말했다.

"지난번 레스토랑에서 본 거…… 알지?"

나는 고개를 살짝 끄덕였다.

"근데 말 안 해줘서 고맙네."

그는 고개를 끄덕이고 지나갔다.

그제야 나는 알게 됐다. '본 것을 말하지 않은 사람'이 될 때, 어떤 기회가 생길 때도 있다는 걸.

말하지 말아야 할 때는 조용히 있어야 한다

당신이 누군가에 대해 무엇을 아는지, 그리고 어떻게 알게 됐는지는, 승진이나 평가뿐 아니라 인간관계 전반에 영향을 미친다. 친구에 대해서도 너무 많은 걸 알고 있다면, 오히려 관계를 잃을 수 있다. 심지어 그들이 직접 말해 준 내용이라 해도 말이다.

나는 친구들과 매달 한 번 '타르트 모임'이라는 친목 모임을 가진다. 여자들끼리 모여 저녁을 먹고 와인을 한두 잔 기울이며 수다를 떠는 자리였다. 그중 티파니는 원년 멤버로, 항상 분위기를 챙기고 이끄는 역할을 했다.

그날 저녁, 티파니는 술을 조금 과하게 마셨다. 그리고 갑자기 회사에서 벌어진 민감한 일을 털어놓기 시작했다. "이건 진짜 아무한테도 말하지 마……." 그렇게 시작된 이야기는 점점 깊어졌고, 업무 실수, 내부 이야기, 몰래 처리한 일, 심지어 듣고 싶지 않던 로맨스까지 이어졌다. 우리는 어색하게 웃으며 듣고 있었고, 신입 멤버 가브리엘라는 조용히 자리를 떴다.

그 순간, 모두가 가브리엘라를 존경했다. 그녀는 들어서는 안 될 말을 피할 줄 아는 사람이었다. 그리고 그날 이후, 티파니는 모임에 다시 오지 않았다. 다들 아쉬워했지만, 이유는 분명했다. 자신이 무슨 말을 했는지 기억이 났을 것이고, 후회가 됐을 것이다.

앞서 이야기한 침묵을 지킬 수 있느냐, 없느냐의 문제는 비즈니스에서의 신뢰 문제로 이어진다. 이 다음에 소개할 비법 역시, 당신의 말이 얼마나 무게감 있는지를 결정하게 될 것이다.

'솔직히 말하는 사람'을 주변에 두면 안 되는 이유

어떤 업계에서 일하든 각 분야에는 고유한 저마다 관행이 있다. 그리고 대부분의 업계 사람은 새로운 지식과 기술을 배우기 위해 모임이나 학회에 자주 참석한다. 예를 들어 의사, 치과의사, 한의사들이 학회에 참석하는 이유는 간단하다. 다른 전문가들의 강의를 듣고, 실제 경험을 나누며 실무에 필요한 정보를 얻기 위해서다. 이런 자리에서 가장 중요한 건 결국 '내용'이다.

하지만 내가 몸담은 업계, 즉 동기부여 강연 업계의 학회는 조금 다르다. 참고로 이 업계 사람들은 스스로를 '전문 연사'라고 부른다. 이 모임에 오는 이들은 대부분 말이 많고 자기 표현이 강하다. 그리고 서로를 평가하는 눈빛도 꽤 매섭다. 이 업계에서는 말의 내용보다 스타일, 이야기 구성, 전달 방식, 독창성이 훨씬 더 중요하게 여겨진다. 전미연사협회_{National Speakers Association}의 무대에 서게 되면, 수백 명의 '말 잘하는 사람들' 앞에서 철저히 검증받아야 한다.

거창한 시작은 실망을 부르기도 쉽다

몇 년 전, 이 협회는 유명 연사이자 베스트셀러 작가를 기조연설자로 초청했다. 문이 열리자마자 수백 명의 연사들이 그의 연설을 듣기 위해 북적이는 강당으로 몰려들었다. 예상대로 그는 청중을 사로잡았다. 에너지와 열정은 대단했고, 전달 방식도 탁월했다. 모든 면에서 뛰어난 강연이었다.

연설이 시작된 지 15분쯤 지났을 때, 그가 이렇게 말했다. "지금부터 들려드릴 내용은 실제 이야기입니다." 우리는 기대에 찬 눈빛으로 그를 바라봤다. 그리고 그가 들려준 이야기는 거센 파도를 뚫고 항해하던 전함 이야기였다. 처음에는 몰입했지만, 몇몇 참석자들의 표정이 미묘하게 바뀌었다. 어디서 들어본 적 있는 이야기처럼 느껴졌기 때문이다.

그 유명 연사는 거창한 몸짓을 하며 말을 이어갔다.

"거센 파도를 뚫고 한 척의 전함이 어둠 속 바다를 항해하고 있었습니다……."

그가 이야기를 이어가기 시작했을 때, 일부 연사들의 얼굴엔 살짝 의아한 표정이 떠올랐다.

어디서 들어본 적 있는 이야기처럼 느껴졌기 때문이다.

"전함의 함장이 말합니다. '긴급 상황! 충돌 불가피! 즉시 북쪽으로 경로를 10도 바꾸시오!'"

이쯤 되자 청중들은 수군거리기 시작했다.

"이거 예전에 어디서 들어본 거 아닌가요?"

그래도 다들 농담이나 반전이 있겠지, 기대하며 그의 이야기를 진지하게 들었다.

"상대편에서 응답이 왔습니다. '긴급 상황! 당신이 경로를 바꾸시오.'"

그의 이야기는 결국 옛날부터 수없이 회자된 '등대 이야기'였다.

연설이 전형적인 우화로 마무리되자, 청중들은 실망한 기색을 감추지 못했다. 형식적인 박수만 겨우 나왔고, 사람들은 하나둘 자리를 떴다. 왜일까? 그 이야기가 나빴기 때문은 아니다.

문제는 그가 이 이야기를 꺼내며 "실제 이야기입니다"라고 말했기 때문이다.

그를 무너뜨린 두 단어

그날 저녁 식사 자리에서 우리는 그 연사가 왜 실망을 안겨줬는지에 대해 이야기했다. 한 연사는 "나는 강연 중에 '실제 이야기'라는 표현을 절대 쓰지 않아요. 설령 진짜 사실이라 해도요"라고 말했다. 우리가 거의 동시에 이유를 물었다. 그는 이렇게 말했다. "그 말을 듣는 순간, 사람들은 무의식적으로 이렇게 생각하죠. '그럼 지금까지 한 얘기는 다 꾸며낸 건가?'" 오히려 그 한 마디가 전체 강연의 신뢰를 떨어뜨릴 수 있다는 설명이었다.

이와 비슷한 표현은 또 있다. "솔직히 말해서……"라는 말이다. 이 말을 쓰는 순간, 듣는 이들은 반대로 생각하게 된다. '지금까지는 솔직하지 않았다는 건가?' 이런 표현은 오히려 신뢰를 깎아 먹는다. 내가 이걸 '거짓말쟁이 표현'이라고 부르는 이유다. 듣는 사람의 신뢰를 얻고 싶다면, 굳이 '솔직히' 같은 말로 강조하지 않아도 된다. 정말 중요한 건 말의 내용이 아니라, 표현 하나에 담긴 태도이기 때문이다.

그래서
진짜 하고 싶은 말이 뭐야?

잠깐 개인적인 불만을 하나 털어놓으려 한다. 너그러이 이해해주길 바란다. 혹시 내가 무슨 말을 꺼내려는지 짐작할 수 있을까?

바로 어디에서든 과도하게 쓰이며, 때로는 듣는 이를 지치게 만드는 표현. 바로 "같다"라는 말이다. 정확히 말하자면, "~인 것 같아", "~했던 것 같아", "~일 수도 있을 것 같아"라는 말투다. 내게 이 말은 마치 칠판을 손톱으로 긁는 소리처럼 들린다. 불분명하고, 애매하고, 맥락이 없다.

며칠 전, 한 쇼핑몰에서 계산하는 줄에 서 있다가 내 뒤에 있던 여학생 두 명의 대화를 듣게 되었다. 둘은 마치 카페인을 과하게 마신 다람쥐처럼 빠르게, 그리고 끊임없이 말을 이어갔다. 그런데 놀라운 건 거의 모든 문장이 "같아"로 끝났다는 점이다.

나는 순간 마음속으로 세어보기 시작했다. '몇 번이나 말하나 한번 볼까?' 그때가 딱 오후 5시 25분이었다.

"나 요즘 진짜 우울한 것 같아. 걔가 시에라랑 같이 있었던 거 봤던 것 같거든."

"어디서? 진짜?"

"여기, 나 네일 받으러 네일숍에 있었던 것 같은데?"

"헐, 나라면 멘탈 나갔을 것 같은데."

"그치? 나도 진짜 혼란스러웠던 것 같아. 걔가 시에라랑 있을 줄은 몰랐던 것 같거든."

'같아'가 너무 자주, 빠르게 터져 나왔다. 정확히 셀 수 없을 정도였다. 다시 시계를 보니 아직도 5시 25분 20초였다. 불과 20초 사이에 "같아"는 여덟 번이나 등장했다. 계산해보니 1분이면 약 25번, 1시간이면 무려 1,500번이다!

대부분이 무심코 많이 쓰는, 신뢰감을 떨어뜨리는 '이 표현'

물론 "같다"라는 표현에는 분명한 의미가 있다. 유사함, 비슷함, 추측이나 가능성 등을 나타낼 때는 필요하다. 하지만 무심코 남발할 경우, 말의 진정성은 흐려지고 감정은 뭉개진다. 무엇보다 듣는 사람이 혼란스러워진다.

나는 문득 혼잣말처럼 생각했다

"그 여학생은 정말 우울한 걸까? 아니면 그저 우울한 듯한 기분이 스쳐간 걸까?"

"그 장면을 실제로 본 걸까? 아니면 그냥 상상 속에 떠오른 것일까?"

"정말 네일숍에 있었던 걸까? 아니면 있었던 것 같은 기분이었을까?"

이쯤 되니 모든 문장이 확신 없이 뭉개져 있었다. 도대체 그녀는 무슨 말을 하고 있었던 걸까? 진짜 하고 싶은 말은 뭐였을까? 명확한 건 하나도 없었다.

그 순간, 문득 존 F. 케네디 대통령의 취임 연설이 떠올랐다. 그 명연설이 만약 이런 말투였다면 어땠을까?

"국민 여러분, 조국이 여러분을 위해 무엇을 해줄 수 있을 것 같은지를 묻지 말고, 여러분이 조국을 위해 무엇을 할 수 있을 것 같은지를 생각해보세요. 우리 양심이 선하다고 느껴지는 게 우리의 보상일 것 같고, 역사가 우리 행동을 어떻게 평가할 것 같다고 생각을 하며, 우리가 사랑하는 조국을 이끌어나갈 수 있을 것 같습니다."

이런 연설이 과연 사람들의 마음을 움직일 수 있었을까? 당연히 그렇지 않다. 말은 마음의 방향을 드러내는 지도다. 그 선이 분명할 때, 듣는 이도 비로소 길을 따라 바르게 걸어갈 수 있다.

(에필로그)

이제 그냥 호감 가는 사람이 된 당신에게

서문에서 만났던 두 사람, CEO와 청소노동자 조를 기억하는가? 처음에는 둘 사이에 별다른 차이가 없어 보였다. 하지만 입을 여는 순간, 그 차이는 확연히 드러났다.

CEO는 조가 불편해하는 기색을 재빨리 읽고는 "수고 많았어요"라며 따뜻하게 인사를 건넸다. 교수의 연구에 대해서도 진심 어린 신뢰를 표현하며, 연구자들이 자신의 일에 의미를 느끼는 것이 중요하다는 사실을 간파하고 있었다. 그는 순간적으로 사람들의 감정을 읽고, 그 감정에 섬세하게 반응하며, 자신에 대한 인상을 자연스럽게 좋게 만들었다.

청소노동자와 교수에게 보인 이 섬세한 태도만 보더라도, CEO는 이 책에서 다룬 '존재감을 키우는 디테일'들을 본능적으로 실천하고 있는 사람처럼 보인다. 그는 직원이 잘한 일이 있으면 아낌없이 칭찬하고, 함께 웃으며 팀의 결속력을 끌어올린다. 경제적으로 어려운 사람 앞에서는 불필요한 과시를 하지 않고, 복잡한 전문용어나 권위적인 표현 대신 이해하기 쉬운 언어를 택한다.

또한 예상치 못한 비판이나 공격적인 언어에도 적절히 대응할 수 있으며, 자신은 물론 가족과 직원들의 삶이 더 나아지기를 바란다. 이를 위해 중요한 인맥과 관계를 맺고, 사람들을 자연스럽게 초대하며, 대화를 부드럽게 이어가거나 상황에 따라 화제를 바꾸는 데도 능숙하다. 말이 너무 많은 사람에게서 부드럽게 벗어나는 법도 알고 있다.

반면 조는 어땠을까. "제가 두 분께 도움이 됐다니 기쁘네요."

이 짧은 말 한마디만 봐도, 그는 상대방의 감정이나 분위기를 민감하게 읽는 데 아직 익숙하지 않은 듯하다. 사람들과 자연스럽게 대화를 시작하고, 편안한 분위기를 만들어본 경험이 많지 않았을 것이다.

그래서 누군가가 파티를 연다면, 그는 초대받지 못할 가능성도 있다. 사람들이 그가 자리를 어색하게 만들까 봐, 혹은 흐름을 읽지 못할까 봐 조심스러워할 수 있기 때문이다. 업무 중 가볍게 웃자는 의도로 보낸 농담이 섞인 메시지, 제목 없이 보낸 두루뭉술한 내용의 메일 등 사소해 보이는 그런 행동들이 쌓여 동료들과의 거리감, 혹은 직장 내 입지가 조금씩 흔들렸을 수도 있다.

물론 그 누구도 처음부터 사람들과 잘 어울리는 법을 아는 건 아니다. 조도 마찬가지다. 다만 그는 그 방법을 배울 기회가 아직 충분하지 않았던 것뿐이다.

거의 반세기 전, 비틀즈는 이렇게 노래했다.

"나는 친구들의 작은 도움으로 살아간다."

시대는 변했지만, 이 말은 여전히 진실이다. 인생에서 무엇을 원하든 간에 결국 우리에겐 친구가 필요하다. 혼자 힘으로 정상에 오른 사람은 없다.

서문에서도 말했듯이, 아카데미 시상식 사회자를 뽑는 오디션이 아니라면, 성격이나 외모가 인생에서 사랑과 성공을 결정짓는 핵심 요소는 아니다. 그렇다면 진짜 성공의 열쇠는 무엇일까?

바로 사람들과 교감할 수 있는 능력이다. 그 방법은 어렵지 않다. 내가 하는 말과 행동이 상대에게 어떤 감정을 일으킬지를 의식하는 것, 그리고 그 감정에 세심하게 반응하는 것. 이 책에서 소개한 작고 구체적인 디테일들은, 그 감정 예측력을 키우는 데 필요한 실질적인 첫걸음이 될 것이다. 그렇게 방법들을 차례차례 실천하다 보면 당신은 어느새 자연스럽게 호감을 주는 사람으로 거듭날 것이다.

옮긴이 최성옥

고려대 영어교육과를 졸업하고 영어 전문 번역가로 입문했다. 글밥아카데미 수료 후 현재 바른번역에서 활동 중이다. 옮긴 책으로는 《불렛저널》, 《혁신을 이끄는 인구 혁명》, 《하버드 머스트 리드 비즈니스 모델 혁신》, 《당신에게는 몇 번의 월요일이 남아 있는가》 등이 있다.

호감의 디테일

초판 1쇄 발행 2025년 9월 17일
초판 4쇄 발행 2025년 11월 20일

지은이 레일 라운즈
옮긴이 최성옥
펴낸이 박혜연

펴낸곳 ㈜윌마   **출판등록** 2024년 7월 11일 제2024-000120호

ISBN 979-11-992478-8-8 (03190)

— 책값은 뒤표지에 있습니다.
— 파본은 구입하신 서점에서 교환해드립니다.
— 이 책은 저작권법에 의하여 보호를 받는 저작물이므로 무단 전재와 복제를 금합니다.

㈜윌마는 독자 여러분의 책에 관한 아이디어와 원고 투고를 기다리고 있습니다. 책 출간을 원하시는 분은 이메일 wilma@wilma.kr로 간단한 개요와 취지, 연락처 등을 보내주세요.